기초서양조리

Basic Western Cuisine

머리말

이 책은 여러 학교에서 서양조리를 강의하고 있는 집필진들이 현장교육의 경험을 바탕으로 서양조리의 기초를 담았습니다. 이론편은 간단하게 정리하였으며, 실기편은 양식조리기능사 시험에 나오는 33개의 메뉴로 구성하였습니다. 또한 이 책은 서양조리를 배우려는 학생, 주부, 산업체 조리사들을 위하여 다음과 같은 내용을 담고 있습니다.

이론편에는 서양조리의 개론, 조리 조작, 조리 장비 및 도구, 주방안전, 주방운영관리, 기본조리법과 서양요리의 실제(애피타이저, 수프, 샐러드와 드레싱, 소스, 육류와 가금류의 조리법, 생선 조리법, 채소 조리법)로 구성하였습니다. 실기편에는 조식요리 2개, 전채요리 5개, 스톡과 수프 6개, 소스와 드레싱 5개, 샐러드 2개, 파스타 2개, 생선요리 3개, 육류와 가금류 요리 6개, 샌드위치 2개, 총 33개의 양식 조리사 시험 메뉴로 구성하였습니다. 여기에 응용메뉴 4개를 함께 제시했습니다. 부록에는 개인위생상태 및 안전관리 세부기준과 양식 조리기능사 시험 안내를 수록했습니다.

부족한 점이 많으나, 식품과 조리를 전공하는 학생들을 위한 기초 전공 교재나 식품과 조리에 관심이 많은 분의 길잡이로 활용될 수 있기 바랍니다. 후학들의 현장과 연계하여 효율적이고 실무에 적용 가능한 수업이 되도록 노력하겠습니다.

마지막으로 본서가 출간되도록 힘써 주신 파워북 유제구 사장님, 김재광 상무님과 직원 여러분께 감사드립니다.

2019년 2월

저자 일동

차례

기초서양조리의 이론

1장 서양조리의 개론

1. 조리의 의의 010

2. 조리의 목적 011

3. 조리의 지침 012

1) 맛 012
2) 음식의 외관 012
3) 적합한 조리 013
4) 온도 013

4. 매일 기본조리 식품 준비 014

5. 조리사의 자세 017

2장 조리 조작

1. 계량 019

2. 섭씨·화씨 온도 계산법 020

3. 썰기 규격 021

4. 칼 가는 법 022

5. 도마 놓는 법 023

6. 칼 쥐는 법 023

7. 썰기의 기본방법 024

8. 껍질 제거 024
9. 양파 껍질 제거, 슬라이스, 찹 025
10. 핸드타월과 칼 놓는 법 025

3장
조리 장비 및 도구

1. 조리에 필요한 장비 027
2. 조리에 필요한 도구 029

4장
주방 안전

1. 안전 예방 034
2. 가스 사용 시 주의사항 035
3. 전기 화재 예방 035
4. 낙상 예방 035
5. 화상 예방 036
6. 찰과상 예방 036
7. 응급조치 037

5장
주방 운영관리

1. 품질관리 038
2. 원가관리 039
3. 구매관리 039
4. 재고관리 040
5. 저장관리 041

6장
기본조리법

1. 생식조리법 044
2. 가열조리법 044
   1) 습열조리법 044
   2) 건열조리법 045
   3) 복합조리법 046
   4) 전자레인지 047
   5) 훈연법 047

7장
서양조리의 실제

1. 애피타이저 048
   1) 온도, 가공에 따른 애피타이저의 분류 049
   2) 제공되는 방법에 따른 애피타이저의 분류 050
2. 수프 051
   1) 수프의 분류 052
   2) 수프의 종류 052
   3) 수프의 곁들임 052
   4) 수프의 농밀제 054

3. 샐러드와 드레싱 056

1) 샐러드 057
2) 드레싱 057

4. 소스 058

1) 퐁이란 무엇인가? 058
2) 퐁을 만드는 포인트 059
3) 퐁의 종류와 내용 060
4) 현대식 소스 062

5. 육류, 가금류 조리법 063

1) 쇠고기 063
2) 쇠고기 부위별 특징 064
3) 쇠고기 감별법 066
4) 돼지고기 066
5) 가금류 067

6. 생선 기본조리법 068

1) 생선 기본손질법 068
2) 생선 조리방법 069

7. 채소 조리법 070

1) 채소의 가열조리 070
2) 채소 조리 시에 일어나는 손실 070
3) 식물성 식품의 색소 071

기초서양조리의 **실기**

조식요리 치즈 오믈렛 076 | 스패니시 오믈렛 078

전채요리 슈림프 카나페 080 | 샐러드 부케를 곁들인 참치 타르타르와 채소 비네그레트 082
채소로 속을 채운 훈제연어롤 084 | 해산물 샐러드 086 | 시저 샐러드 088

스톡과 수프 브라운 스톡 090 | 비프 콘소메 092 | 피시 차우더 수프 094 | 프렌치 어니언 수프 096
포테이토 크림 수프 098 | 미네스트로니 수프 100

소스와 드레싱 브라운 그레비 소스 102 | 홀랜다이즈 소스 104 | 이탈리안 미트 소스 106
타르타르 소스 108 | 사우전드 아일랜드 드레싱 110

샐러드 월도프 샐러드 112 | 포테이토 샐러드 114

파스타 토마토 소스 해산물 스파게티 116 | 스파게티 카르보나라 118

생선요리 피시 뮈니엘 120 | 솔 모르네 122 | 프렌치 프라이드 슈림프 124

육류와 가금류 요리 바비큐 폭찹 126 | 비프 스튜 128 | 살리스버리 스테이크 130
서로인 스테이크 132 | 치킨 커틀릿 134 | 치킨 알라 킹 136

샌드위치 BLT 샌드위치 138 | 햄버거 샌드위치 140

응용 메뉴 옥수수 크림 수프 142 | 라이스 크로켓 143 | 파스타 그라탱 144 | 로스트 치킨 145

부록

1. 개인위생상태 및 안전관리 세부기준 146
2. 양식조리기능사 시험 안내 147

참고문헌 150

기초서양조리의 **이론**

1장 서양조리의 개론

2장 조리 조작

3장 조리 장비 및 도구

4장 주방 안전

5장 주방 운영관리

6장 기본조리법

7장 서양조리의 실제

1장
서양조리의 개론

1. 조리의 의의

우리 인류가 식용 가능한 식재료를 이용하여 음식을 만들어 먹기 시작한 것은 불을 발견한 이후라고 생각된다. 기술문명의 발달과 더불어 조리 방법과 형태에도 많은 변화가 있었다. 어떠한 형태이든 간에 우리 인류는 지금까지 음식을 조리하여 먹고 있으며, 미래에도 그러할 것이다.

조리라 함은 일정한 기술을 가진 사람이 식용 가능한 식재료에 물리적·화학적 방법과 기타 향신료를 첨가하여 조리기구를 이용, 굽거나 끓이거나 볶는 행위를 말한다. 식품을 선별하고 검수를 거쳐 조리상품으로 만들어 제공하는 이유는 인간에게 주어진 각자의 건강과 생활환경에 적응하기 위한 것이 대부분이다. 시대의 흐름에 따라 소비자들의 욕구는 다양해지기 때문에 조리방법과 조리형태를 바꾸는데 결정적인 역할을 담당하게 되는 것이 바로 조리사들이다. 또한 바쁜 생활환경의 영향으로 편의식fast food의 이용이 점점 늘어나고 있어 조리의 의미가 간편화 추세로 변화되는 것을 피부로 느낄 수 있다.

이러한 점을 고려하여 볼 때 조리를 하는 의미는 영양소의 절대적인 섭취보다는 건강식health-care food에 대한 배려가 더 중요시 될 수도 있다. 편의식이 갖는 영양상의 불균형 및 각종 첨가물에 대한 허용기준 등 과거에 비해 이런 문제에 대한 관심을 심각하게 가져야 하는 시기에 와 있는 것이다.

조리의 의미는 시각적으로 단순하면서도 자연스러운 표현의 의미를 가져야 하며, 미각적인 면에서는 인공적인 맛을 가미하지 않은 순수미가 요구된다. 그러기 위해서는 신선한 식재료를 구매하여 사용하는 것이 절대적이다. 조리사들은 시각적·미각적 측면의 내용을 충분히 가미하기 위한 절차로서 섬세한 조리기술 개발과 과학적 조리방법을 터득하여 직접 적용시키는 것이 매우 시급한 상황임을 인식해야 한다.

2. 조리의 목적

① 조리는 식품을 조리하여 요리(음식)로 만드는 것을 말한다.

② 유해물을 제거하여 위생상 안전하게 한다. 식품 섭취로 인하여 건강을 해치는 경우가 종종 생긴다. 따라서 병원균이나 화학약품이 혼입되는 것과 식품의 부패를 방지하고, 독성이 있는 부분은 제거하여 가식부를 최대한으로 이용하도록 고려한다. 식품에 의한 건강장해를 방지하려면 무엇보다도 음식을 취급하는 사람이 식품위생에 대해 올바른 지식을 가져야 한다.

③ 식품에 열을 가하면 식품의 섬유질이 연하게 되어 소화를 돕는다. 가열 조리는 음식물의 소화율을 높이는 것뿐만 아니라 인체에 유해한 균을 박멸한다. 또한 가열 조리는 조리방법, 식사의 양, 식사 시의 감정 상태, 소화기관 자체의 건강 상태 등에 의해서도 영향을 받는다.

④ 외관을 미화시킨다. 식품은 영양가, 맛 등이 잘 갖추어졌더라도 식품 자체가 볼품이 없어서 심리적으로 식욕을 자극하지 못하면 음식으로서의 가치가 떨어진다. 그러므로 조리된 음식은 색깔의 배합, 크기, 형태, 조리된 정도는 물론이며, 담는 그릇이나 담겨진 모양새까지 모두 종합하여 식품의 외관이 평가된다.

⑤ 영양을 보존한다. 식품 내에 함유되어 있는 영양가의 변화는 주로 수용성 물질이 조리과정에서 손실되어 일어난다. 이러한 수용성 영양가의 손실 정도는 조리 내용물의 양 및 조리시간과 직접적인 관련이 있다.

조리과정에서 영양소의 손실은 비타민 C가 조리온도에 의해서 가장 영향을 많이 받으므로 조리 시에 우선적 고려의 대상으로 삼아야 할 것이다. 그리고 절단, 분쇄, 가열하는 조리과정 중 영양소의 유출이나 파괴 등 손실을 최소화하는 방법도 고려해야 한다.

⑥ 향미 있게 한다.

⑦ 조리는 식품이 지니고 있는 성분을 잘 조화되도록 하여 향미를 돋우는 것이다. 음식의 맛은 냄새, 온도, 입에서 음식물을 씹을 때 느끼는 압력, 그리고 혀 표면에 산재하는 미뢰의 자극에서 얻어지는 여러 가지 맛의 종합적인 것이다. 사람이 음식에 기대하는 것은 음식 자체 내의 영양가도 중요하지만, 먹을 때 느끼는 맛 또한 무시할 수 없다. 따라서 음식물은 우선 수긍할 수 있는 훌륭한 맛을 지녀야 한다.

⑧ 식품*의 물리적·화학적 성분을 개선시키는 것이다.

⑨ 조리의 6원칙은 위생, 맛, 모양, 영양가, 경제성, 신속(정확)성이다. 즉, 맛있게 만든 음식을 제공하여 다시 찾아오게 하는 것이다.

3. 조리의 지침

1) 맛taste

음식을 준비할 때 가장 중요한 목적 중 하나는 준비된 음식의 맛이 좋아야 한다.

맛은 ① 알맞은 양념이어야 한다Proper seasoning(적합한 조미).

② 기본적인 조리로 실시되어야 한다Execution of basic fundamentals.

③ 일관성 있게 조리해야 한다Consistency.

④ 재료의 신선도와 질이 최상이어야 한다Freshness and quality of the product.

2) 음식의 외관presentation

맛뿐 아니라 두 번째로 중요한 것은 상차림이다. 음식의 상차림에 영향을 미치는 것은 다

*식품은 1가지 이상의 영양소를 가지면서 인체에 무해한 것이어야 한다.

음과 같다.

① 적당한 용기에 적당한 양을 담는다portion sizes(1인분의 양).

② 음식은 적절히 배치해야 한다proper food placement or arrangement.

③ 같은 색, 같은 조리, 같은 배열은 피하라avoid repetition of same colors, methods of preparation(구성composition).

④ 고기와 채소는 일정한 크기로 잘라 적절히 잘 배열해야 한다. 고기, 채소 등을 썰 때는 크기와 두께가 일정하고 균일하게 썰어야 조리하는 과정을 효율적으로 수행할 수 있다.

3) 적합한 조리proper Cooking

① 적색육red meat은 주문서에 따라 조리한다red meats cooked as ordered.

② 백색육white meat, 생선fish, 가금류poultry : 완전히 익히지만 고기의 즙이 있어야 한다.

③ 조리거나 끓인 육류braised and stewed meat : 완전히 익히면서 부드럽고, 마르게 해서는 안 된다fully cooked, tender not dried out.

④ 녹색채소는 밝게 한다green vegetables bright.

⑤ 감자류는 덩어리가 지거나 풀어져서는 안 된다variations of potato purees, not lumpy or gluey.

4) 온도temperature

① 뜨거운 음식은 뜨거운 접시에 담아 뜨겁게 제공한다(dish warmer 이용).

② 찬 음식은 찬 접시에 담아 차갑게 제공한다.

제공하기 전에 만든 음식에 대하여 다음 항목에 yes할 수 있어야 한다.

(1) 맛이 좋은가?Does it taste good?

(2) 모양이 좋은가?Does it look good?

(3) 알맞게 요리되었는가?Is it properly cooked?

(4) 알맞은 온도인가?Is it the correct temperature?

조리 시 주의사항

1) 항상 제철에 나는 채소를 이용한다Always use vegetable that are in season.
2) 모든 접시와 원형 접시는 대조적으로 공급되어야 한다on everyplate or platter, provide contrast in.
   ① 항상 하나의 녹색채소와 적어도 하나는 비녹색채소를 사용한다.
   ② 같은 조리방법cooking methods은 피해야 한다.
   ③ 접시 안에 같은 모양shape의 조화는 피하고, 같은 접시에 너무 많은 채소를 담지 않는다.
   ④ 조직감textures : 퓌레puree나 커스터드custard 등과는 다른 질감의 음식을 공급한다.
   ⑤ 향미flavorings 또는 양념seasoning : 그 요리의 전체적인 향은 유지하되 같은 허브herb나 향신료spice의 사용을 피한다. 한 접시에 마늘, 샬롯shallot, 허브가 모두 들어 있지 않도록 한다.
3) 부속물은 앙트레entree와 조화가 되어야 한다.
   ① 벨로테 소스veloute sauce나 베샤멜 소스bechamel sauce를 크림 소스를 사용한 채소와 전분(파스타, 감자 등)과 같이 제공하지 않도록 한다.
   ② 주요리보다 향이 강한 부속물(향신료, 허브 등)의 제공은 피한다.

4. 매일 기본조리 식품 준비daily mise en place

재료 손질이란 요리의 사전 준비라 할 수 있다. 사전준비단계로 씻기, 자르기, 껍질 벗기기, 불필요한 부분 제거하기, 물에 헹구기, 밑간하기, 간단히 데치기, 스테이크를 기름에 재우기, 시간 소요가 많은 수프나 소스 만들기 등이 있다. 예약 및 영업을 고려하여 필요한 양의 재료를 미리 손질하여 조리 시 작업속도와 완성도를 높일 수 있다.

미르포아mirepoix

큐브cube로 썰은 채소의 혼합물로 스톡, 소스와 기타 음식의 향미를 내는 데 사용한다(비율 : 양파 50%, 당근 25%, 셀러리 25%).

부케 가르니bouquet garni

신선한 향료 묶음으로 향미를 내는 데 사용된다.

곱게 다진 양파chopped shallot or onion

저미거나 다진 양파로 음식물에 향미 재료로 사용한다. 냉장하면 2~3일간 보존이 가능하다.

음식의 맛보기 지침

1. 원칙

① 맛을 볼 때에는 항상 깨끗한 숟가락을 사용한다.
② 절대로 손가락으로 맛을 보아서는 안 된다.

2. 방법

① 깨끗한 숟가락에 소량의 음식을 뜬다.
② 입으로 가져간다.
③ 첫 번째 판단을 위하여 미각의 최초 조직인 혀 끝에 갖다 댄다.
④ 더 깊은 맛을 보기 위해 음식을 입천장으로 가져간다.
⑤ 혀와 입천장의 점액이 반응을 일으켜서 간의 부족함을 가늠하게 하며, 맛 보고 있는 음식의 맛을 느끼게 한다.
⑥ 다음과 같은 평가를 내린다. 맛이 좀 더 나아야겠다 또는 좀 약하게 해야겠다 하는, 그리고 완전한 맛을 낼 수 있는 방법을 찾도록 한다.
⑦ 맛을 수정하여 고친다.
⑧ 숟가락을 씻는다.
※ 음식의 맛을 내기 위해서는 늘 이와 같은 방법으로 한다. 그러나 항상 각 음식의 특성을 고려하여 그에 맞는 완벽한 맛을 찾도록 노력해야 한다.

3. 주의

어떤 음식들은 접시에 덜어서 맛을 보기도 한다. 예) 수프

4. 요점

모든 음식은 맛을 보아야 하며, 고객에게 제공되기 전에 완벽한 상태로 있어야만 한다.
① 마지막 가미 : 후추와 식초 등은 개인별 기호를 최대한 만족시키도록 한다.
② 또한 가미를 한다는 것은 적은 양의 첨가로 요리의 가치를 결정짓는 엄밀하고도 정확한 선택이 문제됨을 잊어서는 안 된다. 후추 한 줌, 식초와 레몬수 한 방울, 겨자, 그리고 가미로 인해서 그 음식의 성격을 변화시켜서도 안 되며, 그 특성을 제거해서도 안 된다.
③ 소스를 첨가하는 부분은 반드시 소스 담당자에게 맡겨야 한다. 그가 가장 세련된 미각을 보유하고 있기 때문이다(소스의 질, 맛의 다양함, 양념의 예민함, 작은 맛의 느낌, 재료의 혼합과 복합 등 많은 것은 소스 담당자가 미각에 대한 기억을 필수적으로 보유하게 함).

5. 위생

① 항상 맛을 보기 위한 숟가락을 준비한다.
② 맛을 보기 위하여 음식에 숟가락을 담가서는 안 된다.
③ 맛을 보고 난 후에는 숟가락을 씻어서 헹군다.

6. 요약

① 맛보기는 미각기관의 감각을 발달시킨다.
② 양념이 빠졌다던가 간이 잘못됐다던가 하는 비난을 피할 수 있게 한다.
③ 각각의 음식의 특별한 진미를 내게 한다.
④ 직업의식의 한 예이다.

곱게 다진 마늘chopped garlic

마늘은 용도에 맞게 다진 후 바로 사용하거나 남은 재료 보관 시에는 강한 향 때문에 반드시 뚜껑을 덮어 보관한다.

곱게 다진 파슬리chopped parsley

파슬리를 곱게 다져 소창에 싸서 한 번 헹군 후에 물기를 제거하여 사용한다.

토마토 콩카세tomato concasse

토마토 꼭지를 따고 껍질에 칼자국을 내어 끓는 물에 크기에 따라 18~20초간 데친다. 그런 다음 얼음물에 담가서 껍질을 벗겨 씨를 제거하고 0.7×0.7cm로 썬다.

곱게 다진 실파chopped spring onion

실파는 짓눌러지지 않도록 곱게 링 모양으로 썰어서 사용한다.

신선한 허브fresh herb

신선한 허브 잎사귀를 음식에 곁들이기 위하여 준비하는 것이다. 신선한 로즈마리fresh rosemary, 딜fresh dill, 세이지fresh sage, 타라곤fresh tarragon, 백리향fresh thyme, 바질basil, 박하잎mint 등이 있다.

영업을 위한 준비

양파 수프french onion soup, 오늘의 수프daily soup, 소스sauce 등 준비시간이 많이 소요되는 음식들은 사전에 만들어 뜨거운 물에 담가 두어bain marie 바쁜 영업시간에 용기에 담아서 바로 제공할 수 있도록 한다.

가니시garnish

크루통crouton, 베이컨 비트bacon bit 등은 미리 만들어서 수프나 샐러드와 함께 제공할 수 있도록 준비해 둔다.

5. 조리사의 자세

생각하는 사람

생각은 성공을 위한 간단하고 확실한 길이다. 그것이 비싼 값을 치러야 할 많은 실수를 피하게 한다. 생각하라. 그러면 당신의 일이 훨씬 즐겁고 덜 지루하다는 것을 발견하게 된다.

계획을 잘 세우는 사람

순서를 따라 당신의 일을 계획하라. 그러면 당신뿐 아니라 동료 작업자들의 일이 훨씬 원활하게 진행된다는 것을 알게 될 것이다.

잘 듣는 사람

당신이 말하고 있을 때는 배울 수 없을 것이다. 들어라 그리고 지식을 얻어라. 동료들과 손님들의 말을 들어라. 그리고 대중적이 되라. 들음으로써 사람들로 하여금 당신이 그들과 그들의 생각과 문제들에 관심을 갖고 있음을 알게 하라.

칭찬하는 사람

당신의 일을 잠깐 멈추고 다른 사람의 훌륭한 일을 칭찬하라. 이것이 사람들에게 더 열심히 내어 성공하기를 원하도록 만드는 정신이다.

감사하는 사람

동료들이나 손님들이 당신을 위해 무엇을 했을 때 감사하다고 말하는 것을 습관화하라. 모든 사람은 그것을 고맙게 여긴다. 그러면 당신은 그것이 당신을 위한 일임을 알게 될 것이다.

미소를 짓는 사람

당신이 지시를 내릴 때 미소를 지어라. 손님들에게 이야기를 할 때 미소를 지어라. 그것이 친구를 사귀고 협조를 얻는 최선의 길이다.

알 수 있도록 설명하는 사람

다른 사람들에게 그들의 일에 대해 이야기할 때 자세하고 분명하게 하라. 당신의 뜻하는 바를 바로 이야기하고 왜 그런지 그 이유를 밝혀라. 우리는 우리가 해야 할 것을 이해하는데 최선을 다한다.

즐겁고 기쁘게 지시하는 사람

일을 하는 모든 사람은 명령을 받거나 주어야 한다. 그러나 명령이 즐겁고 기쁘게 내려졌을 때 즐거운 마음으로 일한다.

즉시 일을 하는데 시간을 사용하는 사람

미루지 말라. 지체할수록 일은 점점 더 어렵게 된다. 사람들에게 그들이 일들을 처리하는데 있어서 당신에게 의지할 수 있음을 알게 하라.

열정적이 되도록 시간을 사용하는 사람

열정은 전염성이 있다. 모든 일에 열정을 가지고 임하라. 그것이 당신이 속한 조직에 활기를 준다는 것을 알게 될 것이다.

연구하는 사람

긍정적인 자세로 사고하고, 새로운 음식의 개발 및 개선을 위하여 노력하는 사람이 되도록 하라.

2장
조리 조작

1. 계량

음식을 만들려는 목적에 맞게 준비하고 또 적절하게 조미하면서 합리적으로 조리하기 위하여 분량이 정확히 개량되어야 하고, 가열시간과 조리온도도 적절하게 조절되어야 한다. 실제로 음식을 만들 때는 정확성이 요구되므로 조작상 손쉽게 다룰 수 있는 저울, 계량스푼, 온도계 등이 사용된다. 우리나라에서는 미터법을 원칙으로 하여 길이는 cm, 무게는 g, 부피는 cm^3, 또는 mL(cc)의 단위를 사용하고 있어 계량단위가 비교적 편리하게 통일되어 있다. 그러나 서양에서는 사용하는 계량단위가 다양하므로 무게 단위, 길이 단위, 부피 단위를 같이 알아두어야 한다.

식품은 부피보다는 무게를 계량하는 것이 용이하고 정확하지만, 조미료는 편의상 부피로 계량하는 경우가 많으므로 이들 조미료의 부피와 무게를 미리 알고 기억해 놓으면 편리하다. 계량컵은 Full, ½, ⅓, ¼ 등이 있고, 계량스푼도 1, ½, ⅓, ¼ 등이 있으며, 큰 스푼tablespoon과 작은 스푼teaspoon이 있다.

*계량스푼 단위도 영국의 파운드 단위에서 유래

표 2-1 계량 단위

계량 단위	약자	계량 단위 환산	비고
1 tablespoon	Tbsp	3 teaspoon	
		15g	물의 경우
1 teaspoon	tsp	5mL(cc)	
		60 drops	
1 cup	C	16 tablespoon	
		8 ounce	물의 경우
1 ounce	oz	28.35g	〃
		2 tablespoon	〃
1 pound	LB	454g	
		2 cup	
1 pint	PT	0.45 liter	
1 quart	QT	2 pint	
1 liter	L	1000mL(cc)	
1 gallon	gal	4 quart	3.8 L
1 pinch		1/8 teaspoon	꼬집, 엄지와 집게 손가락
1 shoot		28.35g	
1 dash		1/8 teaspoon	6 drop

2. 섭씨·화씨 온도 계산법

우리나라에서 제조된 조리장비의 온도를 측정하는 눈금은 섭씨로 표기된 것이 많으나, 영국을 중심으로 파운드 단위를 사용하는 나라에서 수입한 장비는 화씨온도로 된 것이 많이 있기 때문에 섭씨와 화씨 온도의 계산법을 숙지하는 것이 필요하다.

$$℃ = (°F - 32) \times 5/9, \qquad °F = ℃ \times 9/5 + 32$$

* °F : Fahrenheit = degree, ℃ : Centigrade

3. 썰기 규격cutting method

썰기 규격은 다음 표 2-2, 표 2-3과 같다.

표 2-2 썰기 규격 1

이름	길이	그림
브루노아(brunoise)	0.3cm×0.3cm×0.3cm (1/8″ ×1/8″ ×1/8″)	
스몰 다이스(small dice)	0.6cm×0.6cm×0.6cm (1/4″ ×1/4″ ×1/4″)	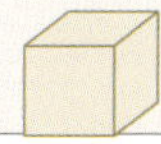
미디엄 다이스(medium dice)	0.8cm×0.8cm×0.8cm (1/3″ ×1/3″ ×1/3″)	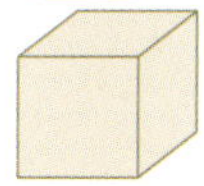
라지 다이스(large dice)	1.9cm×1.9cm×1.9cm (3/4″ ×3/4″ ×3/4″)	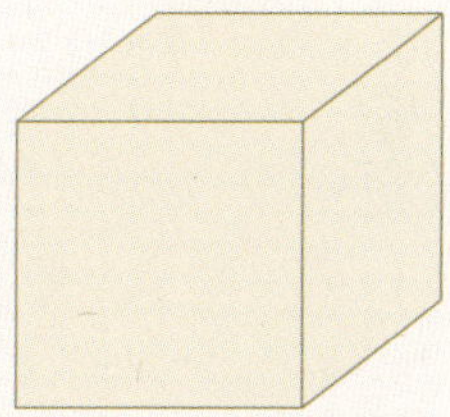
파인 줄리엔(fine julienne)	1.5mm×1.5mm×2.5cm 또는 5cm (1/16″ ×1/16″ ×1 또는 2″)	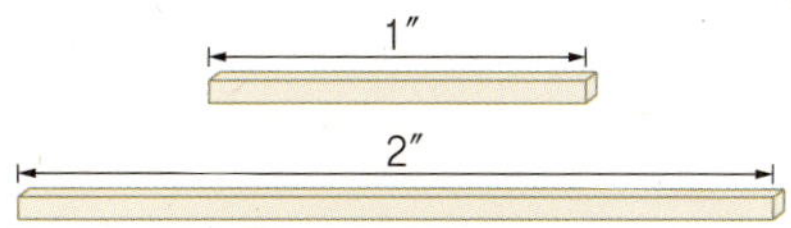
줄리엔(julienne)	0.3cm×0.3cm×2.5cm 또는 5cm (1/8″ ×1/8″ ×1 또는 2″)	
바토넷(battonet)	0.6cm×0.6cm×2.5cm또는 5cm (1/16″ ×1/16″ ×1 또는 2″)	
페이잔느(paysanne)	1.2cm×1.2cm×0.3cm (1/2″ ×1/2″ ×1/3″)	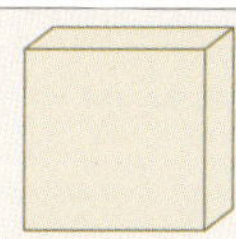
투르네(tornee)	5cm×7개의 면 (2″ ×7개의 면)	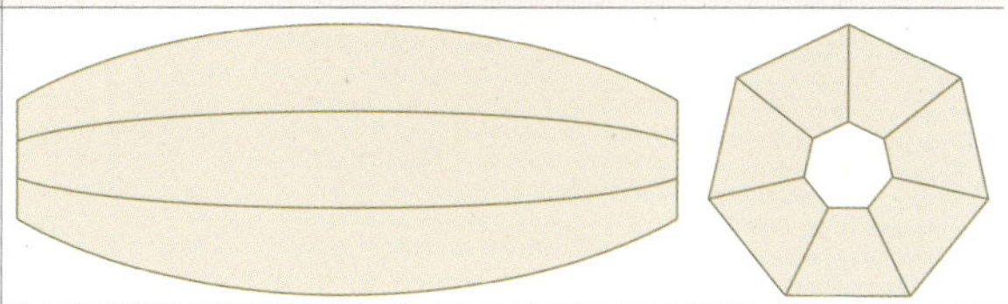

*1인치 = 약 2.54cm

표 2-3 썰기 규격 2

이름	규격
찹(chop)	1mm 크기의 정육면체로 써는 방법
다이스(dice)	1.2cm(1/2") 크기의 정육면체로 써는 방법
큐브(cube)	2.54cm(1") 크기의 정육면체로 써는 방법
올리베트(olivette)	작은 올리브 형태로 뾰족하게 만드는 방법
샤토(chateau)	4cm 길이의 오크통 모양으로 만드는 방법
에멩세(emincer)	'저민다'라고 함. 고기를 1mm 두께로 얇게 써는 방법 양파를 저민 경우에는 찹과 같은 크기가 됨
에스칼롭(escalope)	5mm 두께로 써는 것

4. 칼 가는 법method of sharping knife

숫돌에는 결이 거친 것부터 부드러운 정도 따라 번호가 매겨져 있다. 사용자에 선택에 따라 하나만 준비할 수 있다면 1000번 전후의 중간 숫돌을 준비하여 사용하면 된다.

① 칼 가는 비중은 보통 앞에 70%를 두고 뒤에 30%를 둔다.

② 숫돌은 보통 사용하기 전에 물에 담가 놓는다.

③ 숫돌 아래에는 미끄러지지 않도록 고정대나 젖은 천를 깐다.

④ 칼의 앞면을 아래로 하여 약 15도 각도를 유지한다.

⑤ 칼의 손잡이를 꽉 쥔다.

⑥ 칼편에 손을 얹고 바깥쪽을 밀 때 힘을 준다(날의 약간 안쪽을 간다는 느낌으로).

⑦ 숫돌이 마르지 않도록 가끔씩 물을 뿌려서 작업이 원활하도록 유지한다.

⑧ 칼을 뒤집어 같은 방법으로 갈면 된다.

⑨ 칼날이 일직선이 되고 손으로 칼날을 만졌을 때 까실함과 날카로움이 느껴지면 잘 갈아진 것이다.

*칼은 기본적으로 안전사고의 위험이 있기 때문에 평상시 잘 드는 칼을 항상 준비해야 한다.

5. 도마 놓는 법

도마는 식품 종류별로 여러 가지로 분류(붉은색-고기, 흰색-채소, 청색-생선 등)하여 사용하지만, 항상 위생에 문제가 될 수 있기 때문에 주의가 요구된다. 나무 도마는 사용하기에는 편하나 사용 후의 관리에 만전을 기해야 한다. 비교적 관리하기 쉬운 플라스틱 도마는 때가 덜 타고 소독이나 관리 측면에서는 유리하다. 위생적 관리를 위해서 항균 도마를 사용하는 것도 하나의 방법이다. 특히 잘 미끄러지지 않도록 도마를 사용하기 전에는 밑에 실리콘 페이퍼를 깔고 그 위에 도마를 올려 사용하면 안전하게 사용할 수 있다.

도마와 식재료의 위치는 작업을 하는데 중요한 부분을 차지한다. 식재료가 작업자의 몸쪽으로 최대한 붙어야 작업효율을 올릴 수 있으며, 작업대 안으로 최소한 3~5cm의 간격을 유지한다.

6. 칼 쥐는 법

① 칼을 잡을 때에는 칼자루에 힘을 주지 말고 잡아야 하며, 힘을 주면 손목이 쉽게 피로해진다.

② 누르는 손은 물체가 움직이지 않게 하고 너무 누르면 힘이 들어가 물체의 즙이 상실된다.

③ 두께가 두껍거나 부피가 커서 힘이 드는 것은 엄지손가락을 칼등에 올려서 민 후 당길 좌(힘의 역이용 동작)*로 한다.

④ 힘의 중심은 왼쪽과 물체의 정면에 두고 몸 전체가 일직선이다. 우뚝 선 자세에서 오른발이 조금 뒤에 가게 보낸다.

⑤ 자를 때에는 칼끝부터 밀어간다.

⑥ 검지가 방향 제시이다. 오른손은 칼을 꼭 쥔 상태에서 검지만 칼등 위에 올려 놓는다. 왼손의 엄지, 중지로 물체를 고정시키고, 검지로 구부려 첫째 마디로 두께를 결정하고, 뒤로 빠지면서 무명지 약지로서 땅에 고정시킨다.

---

*당길 좌 : 칼을 위에서 아래로 눌러지게 채소, 과일 등을 썰 경우에 시끄러운 소리가 나는 것을 방지하기 위하여 앞으로 당기든지, 뒤로 밀어서 칼질을 하는 것을 말한다.

⑦ 동작이 완전하면 도마에 칼자국이 나지 않는다. 자르는 면에 굴곡이 생기면 결체조직이 분리되어 영양 손실이 극대화된다.

⑧ 당길 좌는 칼이 나가면서 당기면 아주 엷게 슬라이스slice된다. 왼손은 손 아래의 물체를 고정시키는 역할과 자르는 거리의 중심을 잡아 준다.

⑨ 검지로써 자르는 방향을 제시하는데 손톱 끝이 안으로 들어가 칼면이 손가락 굽어진 것과 접촉이 있게 하여 감각으로 손톱으로써 방향을 제시하면서 실시한다.

⑩ 몸은 굽힐 필요가 없고 고개만 조금 굽히면 된다.

7. 썰기의 기본방법

재료를 먹기 쉬우며 잘 익도록 하고, 부피를 작게 만들거나 맛과 간이 잘 스며들도록 하기 위해서는 꼭 거치는 단계가 썰기이다. 기본유형은 비스듬히 눌러 썰기, 당겨 썰기, 깎아 썰기, 어슷 썰기, 반달 썰기, 채썰기, 다져 썰기, 장식 썰기 등 여러 방법이 있다.

비스듬하게 썰기는 재료를 비슷하게 놓고 썰면 된다.

① 처음 썬 것과 같은 방향으로 놓고 밀어서 조금 오픈open시킨다.

- 채를 썰 때에는 당기면서 자른다.
- 팔목에 힘이 많이 주면 중심이 잡히지 않는다.
- 칼질을 할 때 눈은 칼끝에 두어야 한다.

② 파인 참fine chop은 칼이 똑같게 나가야 하고, 칼끝에 힘을 주면 안 된다. 칼끝은 방향 제시이다. 이때 파인 참은 부채꼴로 해서는 절대로 안 되고 지그재그로 같은 방향으로 한다.

8. 껍질 제거

오이의 돌출부는 쓴맛을 가지고 있기 때문에 껍질 부분을 얇게 제거한다.

① 칼을 조금 아래로 쥐고 엄지손가락을 칼날에 얹어서 안으로 들어오면서 커팅cutting하는 두께를 결정하고 45° 방향으로 밀면서 나아간다.

② 왼손으로 물체를 돌리기 때문에 멈출 필요가 없다.

③ 엄지손가락으로 칼날 끝보다 앞에 나아가게 하여 그 끝에다가 중심을 둔다.

9. 양파 껍질 제거onions peeling, 슬라이스slice, 찹chop

① 양파뿌리의 심을 자를 때에는 칼의 끝부분을 쥐고(칼을 짧게 잡음) 양파의 뿌리가 있는 부분에 대고 양파를 돌려가면서 제거한다.

② 꼭지 부분에 칼을 올려서 당길 좌로 자른다.

③ 껍질을 벗길 때에는 물에 담가서 잠기게 한 후 작업하면 양파 냄새도 많이 나지 않고 기포에 물이 스며들어 껍질이 잘 벗겨진다.

④ 줄리엔julienne으로 썰 때에는 양파를 반으로 쪼갠 후 길이부터 결정하고, 당길 좌를 적용하여 일정한 두께로 2/3까지 썰어 왔을 때에 반대로 뒤집어서 끝 부분까지 당길 좌를 적용하여 자른다.

⑤ 찹chop : 양파를 반으로 쪼갠 후 밑면이 도마에 붙게 한 다음, 양파 길이의 4/5까지 1mm 간격으로 칼끝으로 썬다. 전체의 두께에 따라서 2~4번의 칼침을 넣는다. 두께 1mm 정도로 두꺼운 부분에 칼침을 준 데까지 당길 좌를 적용하여 자른다. 칼침을 준 데까지 썰고 남은 것은 뉘어서 당겨 썬다. 돌려서 찹으로 자른다.

⑥ 파인 찹fine chop은 칼을 뒤에서 지그재그로 걸어가는 동작으로 자른다.

*칼 방향은 언제나 정방향에서 정방향으로 돌아온다.

10. 핸드타월과 칼 놓는 법

① 핸드타월hand towel은 항상 손에 있어야 하고, 사용하지 않을 때에는 앞치마apron에 달고 다닌다.

② 칼을 놓을 때에는 핸드타월을 놓고 그 위에 움직이지 않게 하고, 칼이 도마 끝에 나오지 않게 하고 칼끝은 항상 도마 안쪽을 향하게 한다.

*기본을 갖추어야 다치지 않는다.

3장

조리 장비 및 도구

주방에서 조리에 사용하는 도구에는 조리장비equipment와 조리도구utensil가 있다. 조리장비는 움직일 수 없이 한 장소에 고정되어 있는 것(F.F & E)을 말하며, 조리도구는 손으로 사용할 수 있는 소도구를 말한다. 조리에 사용되는 장비와 소도구는 다음과 같다.

1. 조리에 필요한 장비equipment for cookery

장비 이름		기능
가스레인지(gas lange) /오븐(oven)		상판은 가스레인지, 하부는 오븐이 결합된 상태이다. 오븐은 건열을 이용하여 조리하는 장비(roasting을 하는 장비)이며, 가스레인지는 팬이나 냄비를 가열시켜 팬/냄비의 음식물을 조리하는데 사용되는 장비로 공간 활용을 위하여 두 개의 기능이 하나로 되어 있다.
대류식 오븐 (convection oven)		컨벡션 오븐은 건열, 습열 두 가지를 다 사용할 수 있도록 만들어진 것과 팬에 의해 건열로 강제 통풍시키는 방식의 오븐이 있으며, 밀폐된 금속 문에 의해 위생적이고 열의 손실을 방지하며 오븐 내부의 온도를 일정하게 해준다. 로스팅과 베이킹, 그리고 뚜껑을 덮어서 색상이 변하지 않는 상태의 습열(스튜, 소스) 등의 조리에 활용된다.
테이블 믹서 (table mixer)		혼합과 휘핑에 사용하는 기기로서 부속물에 휩, 플랫 비터, 도우 후크가 있다. • 휩(whip) : 거품을 내기 위해 사용됨 • 플랫 비터(flat bitter) : 크리밍과 블렌딩을 위해 사용됨 • 도우 후크(dough hook) : 빵 반죽 시 글루텐 형성을 위해 사용됨
푸드 프로세서 (food processor)		교환이 가능한 칼날, 디스크와 모터에서 뺄 수 있는 볼과 뚜껑이 있고, 내용물을 가는 중에 3~4회 회전하면 1번 쉼으로써 열 발생을 줄일 수 있어 무스(mousse) 작업에 효율적인 기계로 적합한 부속물을 이용하여 다양한 작업이 가능하게 한다. 챠핑, 갈기, 자르기, 퓌레, 유화, 반죽, 슬라이싱, 쉬레딩 등이 가능하다.
직립 커터 믹서 (vertical cutter mixer, VCM)		재료를 혼합하거나(예. 콘소메), 덩이가 있게 거칠게 갈거나(예, 렌틸 수프), 마요네즈 생산에 사용되는 기기로 가격이 바싸다.
브로일러(broiler)		열원이 위에 있는 기기로 손잡이를 올려서 가열한 후에 직화로 스테이크, 채소 등을 조리한다. 특히 그라탱 등을 마무리할 때 많이 사용된다. 손잡이로 열원과 식품 사이의 간격을 조절할 수 있다.
살라맨더(salamander)		위에서 열이 발산되도록 고안된 열기기로 피자, 그라탱, 디저트의 색깔을 내는 데 사용된다. 생선을 굽거나 마무리 조리에 많이 사용된다.

장비 이름		기능
그릴(grill), 가스 브로일러(gas broiler)		열원이 아래에 있는데, 가스, 전기 등이 사용될 수도 있고 숯을 태워서 그 열로 일자형의 쇠를 가열하여 스테이크 등을 조리할 때 격자무늬를 만들 수 있다. 열원과 식품 사이의 간격을 조절하여 음식을 익힐 수도 있다.
그리들(griddle)		1인치(1″) 두께의 철판으로 되어 있어 한 번 가열하면 음식물을 올려도 쉽게 온도가 떨어지지 않으며, 철판을 가열시켜 팬케이크(pancake), 달걀요리, 스테이크, 볶음, 전 등에 사용되는 만능 철판이다.
튀김기(deep fat fryer)		튀김요리 시 사용되는 기계로 온도 조절 기능이 있다.
브레이징 팬(braising pan)/틸팅 스킬렛(tilting skillet)		바닥이 코팅되어 있는 독일제품은 쉽게 눌어 붙지 않고, 온도 조절기가 있어서 뼈 굽기, 수프나 소스용 재료를 볶거나 끓이기, 튀김, 달걀요리, 대량생산(1회 100리터)에 적합한 기기이다. 손잡이가 있어서 기울여진다.
슬라이서(slicer)		고기 덩어리, 채소류(무, 당근, 오이 등), 치즈 등을 얇게 자르는 데 주로 사용된다. 슬라이서는 매우 위험한 기기이므로 사용 시 주의를 요한다. 슬라이스 머신(slice machine)이라고도 한다.
쏘우 머신 (saw machine)		소 혹은 돼지 뼈를 자르는 데 사용되는 전기톱을 말한다. 아주 위험하므로 와이어 장갑을 끼고 사용한다.
카트(cart)		많은 양의 음식이나 식재료를 나르는 운반차를 말한다. 키친 트롤리(kitchen trolley)라고도 한다.

2. 조리에 필요한 도구utensil for cookery

조리에 사용되는 소도구는 식자재를 절단하는데 사용되는 조리용 칼과 작업용 소도구이다. 조리에 많이 사용되는 칼은 다음과 같다.

칼 이름	특징
셰프 나이프(chef's knife) 	셰프 나이프 혹은 프렌치 나이프(French knife)라고도 한다. 얇게 썰고 다지고 자르는 뾰족한 곡면에 날이 있는 칼, 여러 종류의 크기, 보통 탄소강 또는 탄소강과 스테인리스를 혼합하여 만든다.
보닝 나이프(boning knife) 	뼈로부터 날고기를 분리해 내는데 쓰이는 짧고 얇은 날의 뾰족한 칼로, 칼날은 구부리기 쉬운 것도 있고 아닌 것도 있다. 칼날이 6인치이다.
필렛팅 나이프(filleting knife) 	생선 필레를 뜨는데 사용되는 유연한 칼날이 있는 칼이다. 보닝 나이프와 크기와 모양이 같다.
팔레트 나이프(palette knife) 	유연한 둥근 모양의 칼로 팬케이크와 그릴에 구운 음식을 뒤집는데 사용하고, 내용물과 글레이즈(glaze)를 바르는데 사용한다. 금속 스파튤라(spatula)라고도 한다.
페어링 나이프(paring knife) 	과일과 채소의 껍질을 벗기고 다듬는데 사용되는 짧은 칼로 칼날이 2~4인치 정도이다. 짧은 뾰족한 날이 있는 칼이다.
투르네 나이프(tourne knife) 	페어링 나이프와 유사한 작은 칼로 투르네로 자르기 위해 곡선 칼날이 있다.
클리버(cleaver) 	도끼칼이라 불리는 칼로, 칼날은 무디나 닭뼈나 작은 뼈를 자르는데 사용되는 칼이다. 중식에서 많이 사용한다.
로스트 비프 슬라이서(roast beef slicer) 	로스트 비프(roast beef)를 완벽하게 자를 수 있는 길고 끝이 둥근 칼이다. 표면에 굴곡이 있어 자르는 과정에 재료가 붙지 않는다.

서양조리에 사용되는 기구는 다음과 같다.

기구 이름		특징
통(tongs)		손으로 잡지 않고도 음식을 잡을 수 있도록 만든 집게이다.
푸드 밀(food mill)		삶은 감자를 갈기 위해 사용되는 것이다.
파리지엔 스쿠프 (Parisienne scoop)		채소나 과일에서 구 모양을 만드는데 사용되는 작은 기구로 'melon baller'라고도 한다.
샤넬 나이프(channel knife)		과일, 채소 등에 장식효과를 높여주기 위해 홈이 파인 날이 있는 칼을 말한다.
스틸(steel)		칼날의 매끄럽지 못한 부분을 제거하고 칼날을 날카롭게 유지시켜 주는 쇠막대(칼 가는 쇠막대)를 말한다.
숫돌(sharpening stone)		무딘 칼을 날카롭게 하는 것인데, 표면이 돌이다.
그레이터(grater)		채소, 치즈 등을 다양한 크기에 맞게 저미는 기구이다.
제스터(zester)		레몬이나 오렌지 껍질을 채 썰고 도려내도록 고안된 홈이 있는 칼이다.
만돌린(mandoline)		생채소를 다양한 모양으로 잘라주는 도구로, 잘게 채썰기, 물결 모양 썰기 등을 할 수 있다.
시누아(chinois)		시누아는 프랑스어로 음식을 거르는데 사용되는 가는 원형체로 가는 철사를 꼬아서 만들었다.
차이나 캡(china cap)		크고 뾰족한 금속 스테인리스이며 긴 손잡이가 있고, 소스나 국물을 거를 때 사용한다.
스파이더(spider)		뜨거운 액체나 지방에서 식품을 제거하기 위해 사용되거나, 액체의 표면에서 기름을 제거하기 위해 사용되는 손잡이가 긴 스키머를 말한다.
코랜더(colander)		구멍이 뚫려 있는 짧은 다리와 두 개의 손잡이가 있고 샐러드용 채소들의 물을 제거할 때 사용한다.
소튜즈(sauteuse)		경사가 있는 얕은 팬으로 긴 손잡이가 하나 있다. 소테(sauté)에 사용되어 소테 팬이라고 한다.

기구 이름		특징
소튜아, 소테 팬(sautoir)		직선의 면이 있는 얕은 팬으로 긴 손잡이가 하나 있다. 소테에 사용되어 소테 팬이라고 한다.
란도(rondeau)		두 개의 손잡이가 있는 얕고, 넓은 일직선의 냄비를 말한다.
오믈렛 팬(omelette pan)		경사가 진 직경 7인치의 얇은 팬으로 1인분 조리용으로 주로 사용된다.
래들(ladle)		수프, 소스를 뜨는 국자를 말한다.
스쿠프(scoops)		반고체 음식을 만들 때 사용되는 원추체나 사발 모양의 스쿠프를 말한다.
호텔 팬(hotel pan)		넓고 얕은 팬으로, 스팀 테이블에 끼거나 음식을 담아 둘 때 사용한다. • deep hotel pan : hotel pan과 같은데, 뜨거운 물을 얕은 팬 밑에 놓아 음식을 따뜻하게 하는데 사용한다. • 1/2 hotel pan : 호텔 팬의 절반 크기로 호텔 팬과 같은 용도로 사용한다.
시트 팬(sheet pan)		얕고 직사각형 모양의 팬으로 다양한 크기가 있으며, 굽거나 튀길 때 사용한다.
9인치 파이 팬(9″ pie pan)		굽이 있는 직경 9인치 크기의 파이 팬으로 재료를 담아 오븐에 조리할 때 사용한다.
로스팅 팬(roasting pan)		크고 직사각형이며 중간 정도 높이의 팬이다.
베인 마리에 인서트 (bain marie insert)		길고 스테인리스로 되어 있으며, 다양한 크기가 있다. 뜨거운 음식이나 차가운 음식을 담는데 사용한다.
스테인리스 스틸 볼 (stainless steel bowl)		다양한 크기의 그릇이 있으며 섞거나 휘저을 때 사용한다.
파테 몰드(pate molds)		여러 가지 모양의 파테 틀이다.
달걀 자르는 기구	 	• 에그 슬라이스 웨저(egg slice wedger) : 삶은 달걀을 웨지(wedge) 모양으로 얻기 위하여 사용한다. • 에그 슬라이서(egg slicer) : 삶은 달걀을 슬라이스한다.

기구 이름		특징
치즈 클로스(cheese cloth)		가볍고 구멍이 있는 고운 무명천(소창)을 말하는데, 소스 혹은 육수를 거를 때 사용한다.
페이스트리 백/팁 (pastry bag/tips)	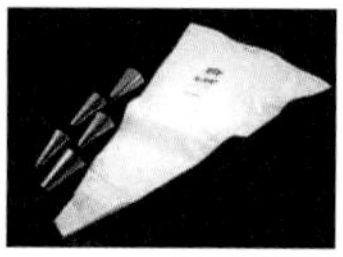	짜주머니, 플라스틱 주머니에 걸쭉한 음식물이나 버터 등을 넣고 장식을 하기 위해 도관(tap) 밖으로 흘러나오게 만들어진 주머니이다. 주로 1회용 짜주머니가 이용되고 있다. 팁(tip)은 다양한 디자인과 효과를 내기 위해 주머니(bag) 끝에 끼우는 것을 말한다.

4장
주방 안전

산업화사회로 들어서면서 산업체에서 각종 산업재해가 발생되고 있으며, 통계에 의하면 작업 중 본인의 실수 또는 안전대책의 미비로 많은 노동자가 신체상의 위해를 입고 있는 것으로 나타나고 있다. 조리업무 수행 과정에서도 각종 사고를 유발할 수 있는 요인이 있으므로 개인은 작업 시 안전수칙을 철저히 지키고 좀 더 주의를 기울인다면 사고의 발생률을 현저하게 줄일 수 있을 것이다.

현대화된 각종 조리장비들은 조리업무 능률 향상에 많은 도움을 주고 있지만, 한편으로는 산업재해 유발요인이 되고 있다. 이러한 산업재해를 막기 위해서는 각종 기기의 작동방법과 기능을 철저히 익히고 여기에 필요한 개인작업수칙을 철저히 이행하는 마음가짐이 필요하다. 또한 조리업무와 화기(오븐, 가스레인지 등)는 불가분의 관계에 있으므로 화기 안전(화상, 화재) 역시 중요한 과제 중의 하나이다. 가스와 전기는 조리 시 편리하게 사용되고 있지만 가스기기나 전기기기를 사용함에 있어서 연료나 기기의 성질을 정확하게 알고 사용해야 하며, 화기를 다룰 때는 자리를 이탈하지 않는 등 철저한 주의가 필요하다.

1. 안전 예방

안전 설계된 주방장비, 시설물 배치와 안전에 대한 교육으로 사고를 미연에 방지한다

① 안전을 위협하는 모든 요인을 주시하고 제거한다.

② 모든 사고를 기록화한다.

③ 장비, 기계 등 다루기 좋아야 한다.

④ 바닥이 미끄럽지 않도록 특별한 재질로 시공해야 한다.

⑤ 출입구, 복도, 작업대에 적당한 조명을 마련한다.

⑥ 물 묻은 손으로 절대 전기기구를 만지지 않는다.

⑦ 소화장비는 눈에 띄는 곳에 비치하고 유효기간을 항상 확인한다.

⑧ 가스기기는 사용 후 확실히 잠갔는지 확인한다.

⑨ 화재 시 필요한 대처절차를 숙지한다.

⑩ 가스 오븐을 켜기 전에 몇 분간 창문을 열어 환기시킨다.

⑪ 무거운 용기나 뜨거운 음식을 운반할 때 도움을 요청한다.

⑫ 기계작동법을 완전히 숙지하고 지시사항을 준수한다.

⑬ 한 개의 콘센트에 여러 개의 플러그를 연결하여 사용하지 않는다.

⑭ 기계를 청소할 때는 안전사고에 주의한다.

소화기 관리

① 화재의 종류와 소화기 종류가 맞는지 확인한다.

② 빨리 눈에 띄는 곳에 배치한다.

③ 보관 시 서늘한 곳에 보관한다.

④ 장소는 복잡하지 않는 평평한 자리에 보관한다.

⑤ 사용방법을 숙지하고, 분무 시 자세는 바람을 등지고 선다.

⑥ 소화기를 화재가 난 곳으로 옮겨 안전핀을 뺀 후 호스를 화정에 대고 밸브를 꾹 누른다.

⑦ 호스를 빗자루로 쓸듯이 화정을 향해 좌우로 뿌린다.

2. 가스 사용 시 주의사항

① 도시가스LNG는 냄새가 있어 새는 것을 쉽게 알 수 있으며 공기보다 가벼운 가스이므로 (LPG 경우는 공기보다 무겁다) 가스가 새면 높은 곳으로 몰리기 때문에 사용 전 반드시 환기를 잘 시켜야 한다.

② 연소기기 부근에는 불붙기 쉬운 가연성 물질(호스 등)을 두어서 안 된다.

③ 코크와 연결부, 호스 등을 비눗물로 수시 검사하여 가스gas가 새는지 여부를 확인해야 한다.

④ 가스의 사용을 중단할 경우에는 연소기구의 코크와 밸브는 확실하게 닫는다.

3. 전기 화재 예방

① 한 개의 콘센트에 전기·전열 기구의 문어발식 접속 사용을 금지한다.

② 각종 전기·전열 기구는 사용 후 플러그를 뽑는다.

③ 콘센트에 플러그를 꽂을 때 완전하게 접속되지 않으면 열이 발생한다. 특히 파손되거나 접속이 헐거운 것은 새것으로 교체해 사용하도록 한다.

④ 전열·조명 기구 주위에 가연성 물질이 놓여 있지 않도록 주의한다.

⑤ 전기 배선 및 전기제품은 규격품을 사용하여야 한다.

⑥ 전기 배선을 연결할 때는 볼트를 꽉 조인다.

⑦ 전기기구를 사용할 때는 안전수칙을 지킨다.

4. 낙상 예방

① 주방 바닥에 돌출물이 없도록 한다.

② 음식물 및 기타 물체가 바닥에 떨어지면 즉시 회수하고 청소한다.

③ 주방 바닥이 항상 말라 있어야 한다.

④ 주방 바닥이 젖어 있을 때는 젖었다는 표시를 한다.

⑤ 주방에서는 뛰어다니지 않도록 한다.

⑥ 주방에서는 뒷걸음질을 하지 않도록 한다.

⑦ 높은 곳에 있는 물건을 꺼낼 때는 적당한 사다리를 사용한다.

⑧ 물건을 운반할 때는 자신의 신발이 보일 수 있도록 적당히 들고 다닌다.

⑨ 무거운 물체를 들을 때는 허리를 펴지 않고 다리를 편다(주위에 도움을 청한다).

5. 화상 예방

① 뜨거운 기물을 다룰 때는 건조한 벙어리장갑mitten이나 행주를 이용한다.

② 조리를 할 때는 적합한 기물을 사용한다.

③ 뜨거운 물체를 다룰 때는 다른 곳에 정신을 두지 않는다.

④ 뜨거운 스팀steam이 발산하는 용기 뚜껑을 열 때는 자신의 위치에서 반대쪽이 서서히 열리도록 한다.

⑤ 주방 내에서 물체를 운반할 때는 상대방이 알 수 있도록 '핫! 핫! 핫!' 신호를 한다.

⑥ 오븐에서 나온 시트 팬sheet pan, 작업한 뜨거운 냄비 등을 싱크대에 놓을 때는 차가운 물을 틀어 식혀서 다른 사람이 무심코 잡았을 때 뜨겁지 않게 해야 한다.

6. 찰과상 예방

① 절단기 및 혼합기기 등을 다룰 때는 사용방법과 안전수칙을 준수한다.

② 절단기 및 혼합기기 등을 작동할 때는 행주 및 헐렁한 옷을 착용하지 않도록 한다.

③ 모든 기물은 돌출되지 않도록 한다.

④ 유리제품 및 칼 종류는 개수대에 넣지 않도록 한다.

⑤ 파손된 유리 및 사기 제품은 분리된 통에 넣도록 한다.

⑥ 주방에서는 장난을 하지 않도록 한다.

⑦ 스위치를 끈 것을 확인하고 기계를 조작하거나 닦는다. 기계가 작동을 완전히 멈출 때까지 기계에서 음식을 만지지 않는다.

⑧ 칼로 캔can을 따거나 기타 본래 목적 외에 사용하지 않는다.

⑨ 청결하고 몸에 맞는 유니폼과 안전화를 착용한다.

7. 응급조치

외식업에서 재해가 발생했을 때 신속한 응급조치는 재해 정도를 최소화하기 위해 매우 중요하며, 자주 발생하는 화상과 베임 시 대처요령과 응급조치로 신속하게 대응한다.

일반적인 화상

- 가능한 빨리 피부에서 열을 없애야 하므로 깨끗한 냉수로 15분 이상 차게 한다.
- 가까이에 물이 없거나 병원으로 이송할 경우에는 깨끗한 냉수로 적신 타월을 대고 15분 이상 차게 한다.

약품에 의한 화상

- 약품이 피부에 침투하기 전에 수돗물 등으로 20분 이상 씻어 흐르게 한다.
- 눈에 약품이 들어간 경우는 얼굴 전체를 세면기 등에 넣고 수돗물을 천천히 흘리면서 눈을 떴다 감았다 하면서 20분 이상 씻어 낸다.
- 화학물질정보(MSDS)를 가지고 의사를 찾아간다.

상처 부위 보호

- 감염 방지를 위해 멸균가재 또는 깨끗한 포를 상처 부위에 대고 그 위에 붕대 등으로 감는다.
- 긴급히 의사의 치료를 받을 수 없는 경우에는 소독약으로 상처 부위 및 그 주위를 소독한다.

5장

주방 운영관리

1. 품질관리

철저한 품질관리로 최상의 상태에서 식재료를 이용할 수 있게 하고, 음식으로 만들어졌을 때는 그 음식이 지니는 모든 특성를 골고루 갖출 수 있도록 품질관리를 시행한다.

위생

식재료는 물론 개인위생에 주의하여 미생물에 오염되는 일이 없도록 한다.

보관

모든 식재료는 규정대로 냉장, 냉동 등 식품 특성에 따라 저장관리한다.

작업

음식물로 만드는 과정에서 적절한 조리 방법과 기술로 최상의 음식을 만든다.

제공

각 음식의 특성에 따라 뜨거운 음식은 뜨겁게, 찬 음식은 차갑게 제공하며 적절한 데커레이션을 한다.

2. 원가관리

원가관리는 음식을 만들기 위해 필요한 식재료를 산출하여 계산함으로써 구매의 시기, 품목, 저장 등의 단계를 효과적으로 운영할 수 있는 정보를 제공한다.

효과적인 원가관리를 위해서는 제한된 예산범위 내에서 효과적으로 통제할 수 있도록 절차의 체계화와 기록이 필요하지만, 이보다 앞서 관리기능이 이윤을 높일 수 있도록 운영되어야 한다.

표준 레시피recipe 작성

아이템마다 식재료를 표준화하여 코스트cost를 정한다. 투입량을 산출하고 계산하여 판매가격을 결정한다.

전처리pretreatment

음식에 필요한 식재료를 미리 손질하여 준비함으로써 낭비를 줄이며 일의 속도를 높일 수 있다.

중앙생산관리

각 영업장에서 공통으로 사용하거나 조리시간 소요가 많은 중간단계 혹은 완제품을 공동으로 생산 분배하여 코스트cost를 절감하고 업무량을 줄인다.

3. 구매관리

구매란 적절한 시기에 필요한 것 그리고 가장 경제적인 가격으로 적정량과 품질에 필요한 상품을 구입한다. 구매에 대해 정확히 알고 원가 절감에 목표를 두며, 동시에 능률적인 공정이 이루어지면 구매기능의 가장 중요한 요인을 잘 관리할 수 있다.

적정 재고관리

- 임기응변식과 필요량 이상 구입하는 방법을 피한다.
- 재고가 많이 쌓이거나 모자라면 저장원가와 낭비, 분실, 폐기 처분에 의한 손실 등으로 운영비가 증가한다. 또한 한 품목에 너무 많은 양을 구입하면 재고관리 비용 증가

와 품질 저하로 원가에 영향을 미칠 수 있다.

적정 시기 구매

상품을 보관할 수 있는 최대량과 주어진 기간 동안의 평균소비량, 재고 여분, 안전율 등을 파악하여 결정한다.

적정 가격 구매

시장 상황에 따라 특정 상품값이 변동하므로 시기 선택의 중요성과 상품의 운송방법, 지불방법 등에 의해 영향을 받는다.

주문관리

구입한 식품의 종류와 형태에 대한 구체적 사용, 필요량, 식품 규격, 시장 동향에 정통하여야 한다.

4. 재고관리

재고는 적정 수준에서 유지되며 또한 재고 여분 안전량을 확보한다. 또한 식품의 포장, 성분에 따라 저장이나 보관 기간이 다르므로 선입선출을 기본으로 한다.

물품관리

품질의 점검은 물품이 사용될 때에 가능하기 때문에 모든 품질은 규정대로 저장, 보관 관리한다.

분량관리

요리될 식품의 양은 조리법과 산출량 도표에 의해 점검하고 명확히 제시되어야 한다.

메뉴계획은 요리할 음식의 양을 결정하는데 도움이 되며, 손실을 최대한으로 줄일 수 있다.

손실관리

손실은 품목의 질과 양에 대한 검수관리와 저장관리 소홀로 인하여 발생한다. 매일 주방의 손실관리로 손실 발생을 최소화한다.

5. 저장관리

대부분의 식품은 대단히 부패되기 쉽고 시간이 지나면서 질이 떨어지는 경향이 높다.

식품의 부패는 박테리아, 이스트, 곰팡이 같은 미생물이나 곤충 등과 식품 자체 내에 있는 효소에 의해 일어나는데, 이러한 부패를 막기 위해서는 식품을 잘 저장하고 깨끗이 관리해야 한다. 현대의 식품 저장방법에는 냉장, 통조림, 탈수 건조, 냉동 건조, 염장, 절임 등이 있다.

냉장

미생물과 효소의 활동은 적정 온도 이하의 온도에서 식품을 냉장시켰을 때 단시간 동안은 저지시킬 수 있다. 일부나 전부를 손질한 고기는 진공팩 안에 식품을 냉장하면 단기간 저장할 수 있다.

냉동

많은 식품의 영양가, 조직, 색, 맛은 -52℃ 이하에서 냉동시켜 저장할 수 있는데 채소, 과일, 가금류, 엽수류(노루, 사슴, 산토끼 등), 육류, 생선 등은 냉동시킬 수 있는 식품이다.

통조림

식품을 용기에 담고 밀봉하여 가열한다. 열은 식품을 익히고 미생물을 파괴한다.

밀봉된 용기에 저장하는 것은 더 이상의 균의 번식을 막아 준다. 채소, 과일, 버섯, 생선, 고기는 이러한 방법으로 저장할 수 있다.

탈수 건조

식품에서 수분을 제거시키는 과정으로 햇빛이나 인공으로 건조시키는 것이다. 가장 효과적이고 위생적이며 빠른 방법으로 일반적인 건조식품에는 과일, 채소, 콩류, 전유와 탈지유, 버터우유, 건조 달걀 등이 있다.

냉동 건조

냉동 건조된 식품은 냉동하여 건조시킨 것인데 승화의 한 과정이다. 냉동식품은 진공을 시켜 충분한 열을 주어서 액체과정을 거치지 않고 얼음 결정체가 증기화한다. 대략 수분의 98%가 식품에서 제거되는데 식품 처음 무게의 1/10가량이 줄어든다.

과일, 채소, 새우, 커피, 일부 육류 등은 냉동 건조를 할 수 있으며, 이러한 식품은 쉽게 건조가 된다. 냉동 건조한 식품의 맛과 조직, 색의 변화는 아주 적다.

염장salty

저장의 한 방법으로 재료를 식염수에 침전 시 5% 이상 염분을 함유한 식품은 질의 저하를 막고, 염분이 8%일 경우에는 저장시킬 수 있다. 베이컨, 햄, 그리고 대구는 염장할 수 있는 식품이다.

절임pickling

오이·사탕무·당근 같은 채소는 식초나 다른 저장액에 담가 산과 식염의 침투가 균일하게 진행되고, 공기와 접촉이 적고 지방질이 산화되기 어려운 이점이 있다.

6장 기본조리법

조리는 어떤 음식에 직·간접으로 열을 가하여 물리·화학적으로 조리할 음식의 상태를 변화시킨다. 이러한 조리법은 맛, 색, 외형, 그리고 영양가에서 가장 높은 질을 유지시킨다. 조리방법에는 표 6-1과 같이 생으로 먹는 생식조리법과 가열과정을 거쳐 익히는 가열조리법이 있다. 가열조리법은 건열조리법, 습열조리법, 복합조리법으로 나뉜다.

표 6-1 기본조리법(basic cooking skill)의 분류

<table>
<tr><th colspan="3">조리법</th><th>예</th></tr>
<tr><td>생식조리법</td><td colspan="2">열을 사용하지 않고, 생으로 먹는 것을 말함</td><td>샐러드</td></tr>
<tr><td rowspan="5">가열조리법</td><td rowspan="2">건열조리법</td><td>기름을 사용하지 않는 건열조리법
(dry-heat cooking without fat and oil)</td><td>로스팅(roasting), 그릴링(grilling), 브로일링(broiling), 베이킹(baking)</td></tr>
<tr><td>기름을 사용한 건열조리법
(dry-heat cooking with fat and oil)</td><td>소테잉(sautéing), 스터 프라잉(stir-frying), 팬 프라잉(pan-frying), 딥 프라잉(deep-frying)</td></tr>
<tr><td colspan="2">습열조리법(moist-heat cooking)</td><td>포우칭(poaching), 시머링(simmering), 끓이기(boiling), 찌기(steaming), 데치기(blanching)</td></tr>
<tr><td colspan="2">복합조리법(combination cooking)</td><td>브레이징(braising), 스튜잉(stewing)</td></tr>
<tr><td colspan="3">전자레인지(microwave)</td></tr>
</table>

1. 생식조리법

식품을 가열하지 않고 먹는 방법으로 채소나 과일을 생으로 먹거나 신선한 육류, 어류, 패류를 가열하지 않고 그냥 먹는다. 재료의 신선도와 위생적인 처리가 필요하다.

2. 가열조리법

식품을 가열하면 식품 성분이 변하여 외관, 향, 맛의 변화가 일어난다. 가열조리의 효과는 미생물이나 독소가 제거되어 위생적이고 안전한 음식이 되며, 소화가 잘 되게 하고, 음식의 맛을 좋아지게 한다.

1) 습열조리법

습열조리법moist-heat cooking은 시머링simmering, 끓이기boiling, 포우칭poaching, 찌기steaming, 데치기blanching가 있다.

표 6-2 습열조리법

종류	방법
시머링 (simmering)	시머링은 끓기 직전의 액체의 온도(95~98℃)를 유지하는 것이다. 재료를 시머링 하는 액체를 맑게 조리하는 방법으로 육수나 수프 등을 조리할 때 많이 사용하는 조리법이다.
끓이기 (boiling)	끓이기란 액체에 재료를 잠기게 하여 100℃ 이상에서 조리하는 방법으로 찬물에 넣어 끓이는 방법과 끓는 물에 넣고 끓이는 방법이 있다. • 찬물에 넣어 끓이기 : 감자와 같이 단단한 식품을 찬물에 넣어 수분을 흡수하여 익도록 하거나 고기를 넣고 맛 성분을 우려내어 국물의 맛을 낼 때는 처음부터 찬물에 넣어 끓인다. • 끓는 물에 넣어 끓이기 : 채소나 파스타 등을 빨리 익도록 하거나 식품 고유의 색을 선명하게 유지하고 비타민의 손실을 최소화하기 위해 끓는 물에 넣어 끓이기 시작한다.
포우칭 (poaching)	포우칭은 서양조리에서 많이 사용되는 조리방법으로 재료를 시머링 하는 액체에 넣고 조리하는 방법이다. 우측 그림과 같이 얕은 물에 포우칭하는 방법과 깊은 물에 포우칭하는 두 가지 방법이 있다. • 얕은 물 포우칭(shallow-poaching) : 식품을 얕은 팬에 놓고 액체를 부어 위를 기름종이로 덮어 시머링하여 익히는 조리법으로 재료가 익은 후 건져내고, 남은 액체는 졸여서 소스로 사용한다. 샐로우 포우칭의 예로 솔 모르네(sole mornay)가 있는데 이것은 흰살 생선을 포우칭하여 모르네 소스(mornay sauce)를 끼얹은 요리이다. • 깊은 물 포우칭(submerge-poaching) : 식품을 액체에 완전히 담가 익히는 조리법으로 남은 액체를 이용하지 않는다. 생선, 해산물을 익히거나 수란을 만드는데 이용된다.

(계속)

종류	방법
포우칭 (poaching)	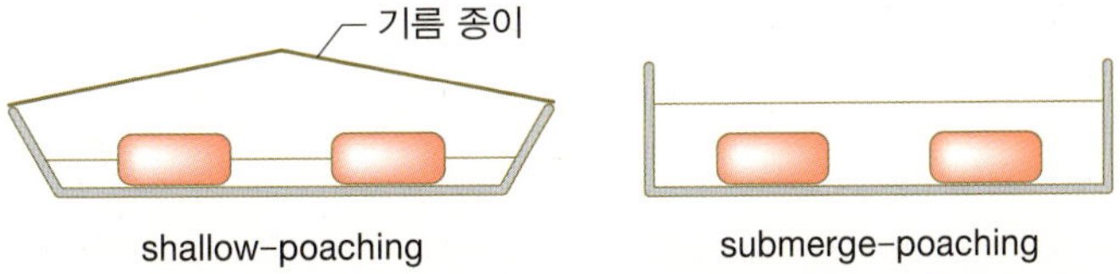
찌기 (steaming)	찌기는 수증기로 재료를 익히는 조리방법으로 식품의 형태를 유지할 수 있고 맛이나 영양 성분의 손실이 적다. 고압 가열이므로 시간이 적게 소요되나 설치비가 비싸다.
데치기 (blanching)	데치기는 식재료의 준비작업으로 또는 과일이나 채소의 껍질을 무르게 하기 위해 아주 짧은 시간 동안 끓는 물에 재료를 넣고 꺼내는 조리법이다. 끓는 물에 채소를 잠깐 넣은 후 얼음물에 담가 채소가 더 익는 것을 막거나, 토마토의 껍질을 벗기고자 할 때 쓰는 조리법이다. 고기류의 잡냄새를 없애거나 미리 끓여서 불순물이 생기지 않도록 할 때 이용하기도 한다.

2) 건열조리법

건열조리법dry-heat cooking은 로스팅roasting, 그릴링grilling, 브로일링broiling, 베이킹baking, 소테잉sautéing, 스터 프라잉stir-frying, 팬 프라잉pan-frying, 딥 프라잉deep frying이 있으며, 그릴링과 브로일링은 직화구이이다.

표 6-3 건열조리법

종류	방법
로스팅 (roasting)	로스팅은 서양조리의 대표적인 조리법으로 식품을 오븐에서 바로 익히는 방법이다. 로스팅에 사용되는 고기 부위는 부드럽고, 마블링(marbling)이 잘 된 큰 고기가 적당하다.
그릴링 (grilling)	열원이 밑에서 있어서 복사열로 재료를 익히는 방법이다. 연료로 가스, 전기, 석탄, 나무, 숯이 사용된다. 고기, 생선, 채소류를 그릴에 올려 150~250℃에서 조리한다. 그릴판은 아주 뜨거워야 고기가 달라붙지 않는다.
브로일링 (broiling)	복사열을 위에서 내려 식품을 조리하는 방법으로 브로일러(broiler)나 살라맨더(salamander)를 이용하는데, 280~300℃의 고온에서 조리할 수 있다.
베이킹 (baking)	베이킹은 오븐을 사용하여 음식을 익히는 방법으로 복사와 대류로 음식이 조리되는데, 스테이크를 그릴에서 대각선 모양을 내고 내부를 더 익힐 때, 그라탱(gratin), 제과나 제빵 등에 사용된다.
볶기 (sautéing)	소테는 불어로서 'to leap or jump(껑충 뛰다)'의 뜻이다. 스토브(stove) 위에서 팬을 놓고 소량의 기름을 두른 후, 달구어 재료를 넣고 단시간에 조리하는 방법이다. 소테 팬에 고기를 소테한 후, 고기를 다른 곳에 두고 남은 재료에 와인이나 육수를 넣어 소스를 만들어 사용한다.

(계속)

종류	방법
스터 프라잉 (stir-frying)	소테와 유사하나 소테보다는 넉넉한 기름을 이용하여 아주 센 불에서 볶는 조리법으로, 일정한 간격으로 식품을 저으면서 웍(wok)에서 조리한다. 부드럽고 작게 썬 육류, 채소류, 소스나 양념류 순서로 조리한다. 주로 중식에서 많이 사용되는 조리법이다.
팬 프라잉 (pan-frying)	빵가루를 입힌 식품이 1/2~2/3 잠길 수 있는 기름에서 튀기는 방법이다. 발화점이 낮은 버터, 참기름, 올리브유 등을 사용할 수 있다. 한 면이 튀겨지면, 뒤집어서 뒷면을 튀기도록 한다. 가정에서 쉽게 돈가스를 튀길 때 기름을 많이 사용하지 않고 사용할 수 있는 튀김방법이다.
딥 프라잉 (deep frying)	170℃ 끓는 기름에 빵가루를 입힌 식품을 넣어 기름에 완전히 잠기게 해서 튀기는 방법이다. 튀기기 전에 빵가루나 밀가루 반죽(batter)에 넣은 후 튀긴다. 튀기기에 적절한 기름은 발연점이 높은 기름이 좋다.

그림 6-1 웍(wok)

3) 복합조리법combination cooking

복합조리법은 혼합조리법이라고도 하며, 건열로 조리한 후에 액체를 넣고 습열을 이용해서 조리하는 방법으로 표 6-4와 같이 브레이징braising과 스튜잉stewing이 있다.

브레이징과 스튜의 차이점은 표 6-5와 같다.

표 6-4 복합조리법

종류	방법
브레이징 (braising)	브레이징은 고기를 프라이팬에 소량의 기름을 넣고 앞뒤, 양면을 그을린 후에, 냄비에 넣고 스톡과 같은 액체를 고기의 반 정도쯤 잠기게 부어 뚜껑을 덮은 다음 낮은 온도의 오븐에서 시머링하면서 조리하는 방법이다. 고기를 웰 던으로 완전히 익히고, 큰 덩어리 고기를 슬라이스 하여 제공한다. 겉은 약간 바삭거리고, 속은 부드럽게 된다. 사태, 어깨부위, 가슴살 같은 결체조직이 많은 질긴 부위를 장시간 시머링해서 고기를 연하게 하는 조리방법으로 한식의 찜과 비슷하다.
스튜잉 (stewing)	큐브로 썬 고기를 소량의 기름에 넣고 앞뒤, 양면을 그을린 후 채소와 육수 그리고 소스를 넣고 질긴 부위를 조리하는 방법이다.

표 6-5 브레이징과 스튜잉

특징	브레이징	스튜잉
	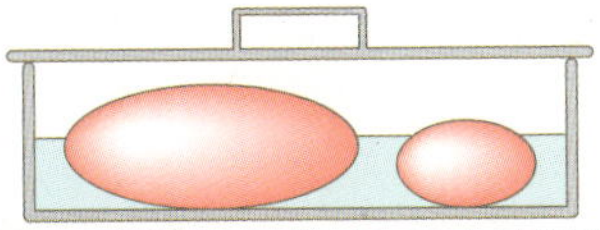	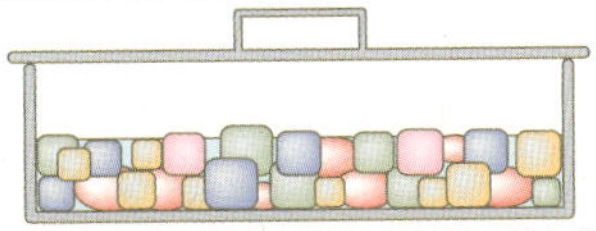
고기의 크기	큰 덩어리	작은 조각, 한 입 크기
액체의 양	고기의 1/2~1/3을 덮음	고기를 완전히 덮음
가니시	따로 조리	고기와 조리하거나, 따로 조리
소스	체에 거름	체에 거르지 않음
조리장소	오븐	오븐 또는 탑 레인지 위

4) 전자레인지microwave

전자레인지의 가열원리는 전도, 대류, 복사와는 달리 열원이 따로 있지 않고, 식품 내부에서 열을 발생시켜 식품을 가열하는 것이 특징이다. 식품의 조리, 데우기, 해동 시에 많이 사용된다.

5) 훈연법smoking

식품을 스모크smoke(연기)에 노출시켜서 보존하고 향미를 있게 하는 방법이다. 스모크는 참나무에서 나오는 연기의 화학적 분자 성분의 액화된 증기로 식품에 스며들게 된다. 육류에 스모킹을 하면 특유의 색깔을 부여하고 독특한 향미가 나며 저장성이 좋아진다. 베이컨, 소시지, 훈제연어가 대표적 훈연제품이다.

7장

서양조리의 실제

1. 애피타이저

애피타이저appetizer: hors d'oeuvres(전채요리)는 정찬 또는 만찬의 첫 코스에 등장하는 요리로 식욕촉진제라고 말할 수 있다. 서양에서는 음식에 대한 본능적인 욕망을 미각에 나타내고 식욕appetit을 불러 일으켜 입맛을 자극한다고 생각했다.

서양요리의 식사 순서에서 제일 먼저 제공되는 요리로서 불어로는 '오르 되브르hors d'oeuves'라고 한다. Hors는 앞이라는 뜻이고 oeuvres는 작업, 식사를 의미한다. 영어로는 'out side the main work'로 '주업, 본업을 벗어난'으로 해석할 수 있다. 각 코스의 주요리main dish의 밖이란 말로 풀이된다.

애피타이저와 오르 되브르와의 다른점은 제공되는 실질적인 음식에 있다기보다 언제 어떻게 제공되느냐와 더 관련이 있다. 애피타이저는 식사의 첫 번째 코스에 제공한다. 애피타이저는 자극적이며 소화를 돕고 날카로운 맛이나 톡 쏘는 맛이 나며, 뜨겁게나 또는 차갑게 제공한다. 애피타이저를 제대로 연출하기 위한 원칙은 모든 애피타이저는 적합한 온도에서 제공하는 것이다. 모든 애피타이저는 세심한 주의를 기울여 양념을 한다. 식사 전체를 평가하므로 모양과 크기를 정확하게 한다. 고객에게 제공할 때 고객의 테이블에서 애피타이저가 어떻게 보일지를 생각한다. 색깔, 모양 그리고 여백 모두 전반적인 접시

표 7-1 애피타이저의 종류

종류	특징
애피타이저	• 찬 것과 더운 것 분류 • 플레인과 드레스드로 나눌 수 있다 • 종류 : 애피타이저, 칵테일, 카나페, 렐리시, 작은 샐러드
플레인(plain)	• 가공하지 않는 재료 그대로 만들어 내며, 형태와 모양, 맛이 그대로 유지되도록 만든다.
드레스드(dressed)	• 조리사의 아이디어와 기술로 가공하여 모양, 형태는 바꾸어도 그 맛은 그대로 유지되도록 해야 한다.

의 구성에 있어서 하나의 목적을 가지고 연출한다. 식욕을 돋우는 요리이며, 음식에 대한 기호, 먹고 싶은 욕구 음식에 대한 심리학적인 욕구를 일으키는 본체를 충족시키는 요리이다.

1) 온도, 가공에 따른 애피타이저의 분류

전채요리는 크게 차가운 전채요리cold appetizer: froid와 뜨거운 전채요리hot appetizer: chaud로 구분할 수 있다. 또한 가공을 하지 아니하고 재료 그대로 만들어 형태와 모양과 맛이 그대로 유지되는 플레인(기본) 애피타이저plain appetizer와 조리사에 의해 가공되어 모양이나 형태가 바뀐 드레스드 애피타이저dressed appetizer로도 나눌 수 있다.

차가운 전채요리cold appetizer: hors d'oeuvres froid

주로 당근, 오이, 셀러리 줄기 등 생채소를 많이 이용해서 만든다. 또한 조리한 채소도 많이 이용한다. 조개류shell fish, 생선류fish, 갑각류crustacean, 거위간goose liver, 생선 알roe 등도 있다

뜨거운 전채요리hot appetizer: hors d'oeuvres chaud

피자나 키시를 작게 만들어 한 입에 들어가게 만든 타르트, 빠뜨에 채워 종이배 모양으로 만든 후식용이나 애피타이저용, 펍 페이스트리puff pastry, 빠뜨 아 슈pâté a choux 등이 있다.

기본 애피타이저plain appetizer

햄 카나페ham canape, 신선한 굴fresh oyster, 양파onion, 피클pickle, 캐비어 카나페caviar canape, 시리얼과 올리브cereal and olive, 토마토tomato, 렐리시relish, 살라미salami, 새우 카나페shrimp canape, 엔초비anchovy, 치즈cheese, 과일fruit, 거위 간foie gras, 연어salmon 등

드레스드 애피타이저dressed appetizer

과일주스fruit juice, 칵테일cocktail, 간 소시지 카나페liver sausage canape, 쇠고기 카나페beef canape, 완자meat ball, 소시지 롤sausage roll, 구운 굴baked oyster, 스터프드 에그stuffed egg 등이 있다.

2) 제공되는 방법에 따른 애피타이저의 분류

제공되는 방법에 따라 전채요리는 크게 6가지로 분류된다.

칵테일cocktail served at the table

칵테일에는 다양한 종류가 있지만 일반적으로 많이 사용하는 재료에는 해산물(shrimp, lobster, crab meat, shellfish)과 과일, 채소 그리고 과일주스나 채소주스 등을 사용한다. 용기는 보편적으로 잘 냉각시킨 칵테일 잔cocktail glass을 사용하지만, 접시plate를 사용하기도 하며 각종 과일의 속을 파내어 다른 내용물을 채워서 사용하기도 하고, 조개류shellfish의 껍질 그 자체를 사용하기도 한다. 칵테일은 겉모습이 산뜻하고 균일한 매력을 지녀야 하며 작은 크기bite size로 만들어야 한다.

전채요리 샐러드appetizer salads served at the table

전채요리 샐러드는 훈제생선류smoked fish, 절인 청어pickling herring와 채소, 그리고 그것에 필요한 양념condiment을 곁들인다.

카나페canape

카나페의 원래의 뜻은 '작은 빵조각'이라는 의미이지만, 현재 뜻하는 것은 빵조각 위에 적합한 식재료를 곁들여 하나의 전채요리 또는 칵테일 파티cocktail party에서 간단히 즐길 수 있는 음식을 말한다. 카나페는 한 입에 먹기 좋은 크기로 식빵toast bread, 호밀빵

rye bread, 크래커cracker를 기본으로 사용한다. 칵테일 파티는 10~12가지의 여러 가지 식재료를 사용하고 모양과 색을 잘 조화되도록 하여 제공한다. 일반적으로 전채요리로 제공될 때는 단일 식재료 또는 2~3가지를 혼합하여 제공한다. 보통 많이 사용하는 식재료는 훈제생선smoked fish, 생선피클pickled fish, 캐비어caviar, 치즈cheese, 육류meat, 소시지sausage 그리고 그날 특별히 준비된 재료 등이다.

오르 되브르hors d'oeuvres

달걀, 육류, 해물류, 채소류, 가금류 등의 재료를 사용하여 한 입에 먹을 수 있도록 작게 만드는데 카나페와 같이 빵이나 크래커를 필요로 하지 않는다. 오르 되브르는 찬 것과 더운 것으로 나눈다.

딥dips

'살짝 적신다' 또는 '담근다'라는 의미가 있으며, 딥 자체는 진한 소스thick sauce의 형태로서 그 자체만으로 구실을 못하며 크래커cracker, 칩chips, 토르티야tortilla 등에 스터핑stuffing되어야 비로소 그 기능을 할 수 있다. 일반적으로 고객들로부터 호응받고 있는 딥의 종류로는 체다 치즈 딥cheddar cheese dip, 로크포르 치즈 딥roquefort cheese dip, 파인애플 치즈 딥pineapple cheese dip, 양파 치즈 딥onion cheese dip, 마늘 치즈 딥garlic cheese dip, 베이컨 치즈 딥bacon cheese dip, 새우 치즈 딥shrimp cheese dip 등을 들 수 있다.

렐리시relishes

렐리시라는 말은 '맛을 즐긴다, 향미가 있다'는 의미와 전채요리란 뜻이 포함되어 있다. 렐리시는 약간 깊은 유리그릇이나 유리잔 또는 은 식기silver bowl 등에 얼음을 채우고 그 사이에 놓아 제공하는 것이 일반적이다. 렐리시에는 꽃모양 래디시radish roses, 당근carrot curls, 채소스틱vegetable stick, 셀러리 심장heart of celery, 스터프드 올리브stuffed olive, 익은 올리브ripe olive, 복합 피클pickle combination 등을 사용한다.

2. 수프

수프soup, potage는 육수stock를 기초로 하여 육류, 생선, 채소, 가금류 등을 찬물 속에 넣고 장시간 동안 끓여 낸 국물, 즉 육수에 각종 재료를 첨가하여 만든다. 수프는 육수를 다시 조리하거나 또는 곁들임을 첨가하여 수프를 만드므로 육수가 주가 되는 것과 건더기가 주가 되는 것이 있다. 수프는 식사의 첫 코스로 사용되거나, 샌드위치나 샐러드와 같이 한 끼의 식사로 서브된다. 수프의 맛을 결정하는 것은 육수라고 할 만큼 기본적인 육수의 질이 중요하다. 원래 수프의 총칭은 포타지potage라고 부른다. 포타지란 불어에서 나온 용어인데 어원적으로 보면 포트pot에서 익힌 요리라는 의미와 얇게 썰어 빵 위에 국물을 부어 먹었다는tremper la soupe 두 단어의 합성어로 potage라고 쓰인다. 이후 18세기경 포타지는 soupe(불어), soup(영어) 공통적으로 불리게 되었다.

1) 수프의 분류

분류	내용
온도에 따른 분류	뜨거운 수프
	차가운 수프
농도에 따른 분류	맑은 수프
	걸쭉한 수프

2) 수프의 종류

수프는 농도에 따라 맑은 수프clear soup, 걸쭉한 수프thick soup로 나뉘며, 온도에 따라 뜨거운 수프hot soup, 차가운 수프cold soup로 나뉜다.

3) 수프의 곁들임

수프의 맛을 더해 주는 역할을 하는 것이 곁들임garnish이다. 곁들임은 해당 수프의 조화와 어울림을 고려하여 선정하는 것이 바람직하다. 수프를 만들 때 사용하는 재료는 육류나 생선, 채소나 향료 등이 사용되며, 곁들임에 사용되는 재료의 크기는 작을수록 좋다. 곁들임에 사용되는 재료는 다음과 같다.

① 크루통crouton : 식빵을 7mm 크기로 썰어서 버터와 마늘을 혼합하여 오븐에서 갈색나게 구운 것으로 크림 수프와 퓌레수프의 곁들임으로 많이 사용된다. 또한 바게트

표 7-1 수프의 종류

구분	내용	특징
맑은 수프 (clear soups)	콘소메(consomme)	갈은 고기, 난백, 미르포아를 이용하여 불순물을 흡수하여 정화시킨 고기 국물로 송아지 콘소메, 치킨 콘소메, 생선 콘소메 등이 있다.
	부이용(bouillon)	영어로는 스톡(stock), 뼈로 끓인 국물을 뜻한다.
	맑은 채소 수프 (clear vegetable soup)	스톡에 채소 등을 넣고 맑게 끓인 수프로, minestrone(미네스트로네)가 여기에 해당한다.
	브로스(broth)	뼈와 살코기로 끓인 진한 육수로 고기, 채소, 보리 등을 넣고 맑게 끓인 수프이다.
걸쭉한 수프 (thick soups)	크림 수프(cream soup)	채소, 루, 우유를 넣고 30분간 시머링으로 끓인 후에 생크림을 넣어 완성한 수프로 버터를 곁들이기도 한다.
	퓌레 수프(puree soup)	채소를 삶아서 블렌더에 곱게 갈은 수프이다. 또한 신선한 과일에 단맛과 신맛을 곁들여 블렌더에 갈아서 만든다(머스크 메론, 딸기 등).
	차우더(chowder)	영국에서 유래한 수프로 생선, 조갯살, 베이컨, 감자, 채소, 우유를 이용한 크림 수프로 크래커를 곁들여 고소한 맛을 내기도 한다. (크램차우더, 맨하탄크램차우더)
	비스큐(bisque)	새우, 꽃게, 랍스터 등의 갑각류로 만든 부드러운 수프로 쌀, 감자, 밀가루 등으로 농도를 조절하고, 크림을 넣어 완성한다. 예) shrimp bisque, lobster bisque
차가운 수프(cold soups)		차갑게 제공하는 수프이다. 예) 과일 수프, 가츠파초(gazpacho: 채소, 토마토, 마늘로 만든 수프), 비쉬수와즈(vichyssoise: 감자와 우유, 크림 첨가)
내셔널 수프, 스페셜 수프 (national soup, special soup)		각 나라, 지역별로 특색 있게 발전된 수프를 말한다. 예) 이탈리아의 미네스트로네(minestrone), 프랑스의 브야베이즈(bouillabaisse), 헝가리의 굴라시(goulash), 스페인의 가츠파초(gazpacho), 미국 동부의 맨해튼 차우더수프(chowder), 미국 남부의 검보(gumbo)

French bread을 2mm 링 모양으로 썰어 치즈(Swiss cheese, gruyere cheese 등)를 올려서 오븐에서 치즈가 녹도록 구운 것을 치즈 크루통이라 부르며 이는 양파수프의 곁들임으로 사용한다.

② 곡류 : 쌀과 보리 등을 삶아서 크림 혹은 맑은 수프의 곁들임으로 사용한다.

③ 생크림 : 생크림을 거품기로 휘핑하여 크림 수프의 곁들임으로 사용한다.

④ 육류와 가금류 : 쇠고기, 쇠고기 혀 등을 brunoise(2mm 크기의 정육면체) 혹은 julienne로 썰어서 맑은 수프의 곁들임으로 사용한다. 가금류는 육류와 같이 썰어서

맑은 수프, 크림 수프의 곁들임으로 사용한다.

⑤ 어패류 : 홍합, 대합조개의 살은 brunoise로 썰어서 해물크림 수프에 많이 사용한다.

⑥ 파스타 : 누들noodle, 베르미셀리vermicelli, 스파게티spaghetti, 마카로니macaroni 등은 이탈리아 미네스트로네 수프와 콘소메 수프의 곁들임으로 사용한다.

⑦ 달걀 : 난백을 휘핑하여 소금을 섞은 후 중탕에 익혀서 식으면 다이아몬드 모양으로 썰어 royal을 만들거나, 잘 휘저은 달걀에 곱게 다진 향료를 첨가하여 얇게 팬케이크crepes을 만들어 julienne 모양으로 썰어서 각각 콘소메 수프의 곁들임으로 사용한다. 곁들임에 따라 콘소메의 이름이 바뀐다.

⑧ 채소 : 파슬리와 실파 등은 곱게 다져서, 신선한 향료는 잎사귀로 각종 수프의 곁들임에 사용하며, 채소는 brunoise, julienne, paysanne 등으로 썰어서 콘소메 수프에 곁들임으로 사용하기도 한다.

⑨ 덤플링dumpling : 생선, 닭고기 등을 곱게 갈은 후 만든 재료를 순가락을 이용하여 럭비공처럼 모양을 만들어 끓는 육수에 익혀서 만든 것으로, 콘소메 수프와 곁들임으로 사용한다. 이런 모양을 퀜넬quenelle이라고 한다.

⑩ 페이스트리pastry : choux, cream puff 속에 간肝을 갈아서 속을 채운 것을 콘소메의 곁들임으로 사용하며, cheese stick을 만들어 콘소메 수프의 곁들임으로도 사용한다.

⑪ 베이컨 비트bacon bit : 베이컨을 1mm로 썰어서 오븐 혹은 팬 위에서 갈색 나게 구워 기름을 제거한 후에 크림 수프의 곁들임으로 사용한다.

⑫ 기타 : 구운 아몬드roasted slice almond, 멜바 토스트melba toast, 크래커cracker 등이 이용된다.

4) 수프의 농밀제

농밀제는 수프에 첨가함으로써 농도를 증가시키고 맛을 더해 주는 것이다. 농밀제로 이용되는 것으로는 밀가루, 쌀, 감자 등이 있는데 그중 가장 많이 쓰이는 것은 밀가루이다.

밀가루

밀가루는 글루텐의 함량에 따라 강력분, 중력분, 박력분으로 나눈다. 강력분 밀가루는 제

표 7-2 루의 종류

명칭	특징	용도
화이트 루(white roux)	약한 불에서 팬에 버터와 밀가루를 동량으로 넣어 나무주걱으로 잘 섞으면서 볶는다.	베샤멜 소스, 수프
블론드 루(blond roux)	화이트 루보다 조금 더 오래 볶아 금색(blond)이 되게 한다.	토마토 소스, 벨로테소스
브라운 루(brown roux)	버터(1):밀가루(2)를 뜨거운 팬에 넣고 갈색이 될 때까지 볶는다.	브라운소스, 비프스튜

빵의 제조에 사용하고, 다목적인 중력밀가루를 수프의 제조에 사용한다. 밀가루를 수프 제조에 사용할 때에는 밀가루를 버터와 함께 색상나지 않게 볶은 루roux를 첨가하여 크림 수프를 제조할 때 많이 사용한다. 루를 이용한 크림 수프의 제조는 조리시간이 단축되고, 쉽게 원하는 농도를 조절하기에 편리하여 가장 많이 사용되는 농밀제이다. 그러나 밀가루는 볶는 과정에서 충분히 볶아지지 않으면 밀가루 고유의 냄새가 나며, 끓이는 시간이 길어지면 밀가루와 글루텐작용으로 인하여 수프의 농도에 영향을 주므로 주의해야 한다.

쌀

쌀을 농밀제로 사용하는 경우에 쌀을 찬물에 30분 이상 담가둔 후에 물기를 따라내고 버터에 갈색 나게 볶아서 사용한다. 주로 비스큐bisque 수프의 농밀제로 사용된다.

감자

감자는 알칼리성 식품으로 수프에 첨가하면 수프의 맛과 감칠맛을 증진시킨다. 그러나 크림 수프에 감자를 첨가한 경우에는 블렌더blender로 갈아서 고운 체로 걸러야 하는 것과 오랜 시간 동안 뜨거운 곳에서 보관하면 수프의 농도가 옅어지는 단점이 있다. 밀가루와 감자를 각각 반반씩 혼합하여 농밀제로 사용하면 수프의 농도가 옅어지는 단점과 걸쭉하게 되는 단점을 보완할 수 있다.

육수

육수stock, fonds의 주재료는 양고기뼈, 송아지고기뼈, 닭고기뼈, 생선뼈 등으로 여러 가지 채소와 향료 등을 함께 끓여 건더기를 걸러 낸 국물이다. 육수는 수프와 소스를 제조하는데 사용되며, 음식의 맛을 내게 하는 중요한 요소이다. 육수에는 사용하는 재료에 따라 송아지 육수veal stock: fond de veau, 닭고기 육수chicken stock; fond de volaille, 생선육수fish stock: fumet de poisson 등이 있으며, 뼈와 채소를 오븐 혹은 팬에서 볶은 후에 끓이는 갈색 육수brown stock로 구분된다.

① 송아지 육수veal stock : 송아지의 기름기 없는 정강이뼈에 채소mirepoix와 향료다발bouquet garni, 물을 넣고 소금과 후추를 가미하여 6~8시간 은근히 끓여서 고운 체나 소창(면보)에 걸러낸 국물이다.

② 닭고기 육수chicken stock : 닭의 뼈나 날개, 목, 다리에 채소와 향료다발을 넣고 2시간 동안 끓인 다음 소금, 후추로 양념을 하여 고운 체나 소창에 걸러 낸다. 특히 닭 육수는 맑고 깨끗하기 때문에 흰 육수white stock라고 하며, 수프의 제조에 많이 사용된다.

③ 생선 육수fish stock: fumet de poisson : 흰살생선의 뼈(농어와 도미뼈 사용, 단, 광어뼈는 독특한 냄새 때문에 사용하지 않음)와 머리 같은 상품화할 수 없는 부분을 깨끗하게 하여 채소와 향료다발 등을 넣고, 물을 부은 후 약 30분간(시간이 초과되어 오래 끓이면 비린내가 날 수 있음) 은근히 끓여 고운 체나 소창으로 걸러낸다. 해물수프 제조에 많이 사용된다. 퓨메 디 포아종fumet de poisson은 생선뼈와 채소를 버터에서 색상나지 않게sweat 볶고, 물을 부은 후에 약 30분간 은근히 끓여 고운 체나 소창에 걸러낸다.

3. 샐러드와 드레싱salad and dressing

샐러드란 여러 가지 차가운 계절 채소 및 허브와 과일 등을 이용해서 소스를 곁들인 것을 말한다. 원래 샐러드는 소금을 뿌려 먹던 습관에서 생긴 것으로 기원전 그리스·로마시대부터 먹었던 것으로 전해진다. 샐러드는 육류 섭취와 함께 먹었던 것이 일반적이며, 현재는 주식으로 샐러드를 많이 먹고 있다. 샐러드는 단순샐러드와 복합샐러드 그리고 아메리칸 샐러드 구분한다. 단순샐러드는 세트 구성이 되는 샐러드이고, 복합샐러드는 뷔페식 샐러드에서 주로 사용한다. 현재는 신선한 채소와 과일을 바탕으로 한 샐러드, 익힌 채소로 만든 샐러드, 곡물이나 곡물 씨앗을 바탕으로 한 샐러드, 육류나 생선, 조개류, 갑각류를 바탕으로 한 샐러드, 미지근한 샐러드와 파스타 등으로 세분화하기도 한다. 샐러드는 각종 드레싱을 첨가하여 최종 완성품을 만든다.

1) 샐러드

샐러드의 기본 요소

용어	내용
기본(base)	• 샐러드 채소로 구성되며, 그릇을 채워 주는 역할과 사용된 본체와 색 대비를 이루는 것
본체(body)	• 샐러드의 중요한 부분이며, 사용된 재료의 종류에 따라 결정된다. 좋은 샐러드를 만들기 위해서는 나무 볼이나 특징을 살려 사용한다.
드레싱(dressing)	• 드레싱은 샐러드의 전반전인 성공 여부에 중요한 역할을 하며 맛을 증가시키고, 가치를 돋보이게 하며 소화를 돕는다.
가니시(garnish)	• 곁들임이 주목적은 완성된 제품을 돋보이게 하며, 형태를 개선시키고 맛을 증가시키는 역할을 한다. • 곁들임은 단순해야 하며,고객의 관심과 식욕을 자극하는데 도움이 되어야 한다.

샐러드 제조 시 주의사항

샐러드를 맛있게 만들려면 다음과 같은 사항을 준수하여야 한다.

① 신선한 재료를 사용하며 흐르는 찬물에 여러 번 씻는다.

② 깨끗하고 차고 신선하게 유지하여 제공하여야 한다.

③ 혼합 샐러드mixed salad는 미리 만들어 맛과 향이 재료에 배어들도록 한다.

④ 단순한 색의 혼합배열로 재료를 준비하여 색상대비를 강조한다.

⑤ 예술적 모양과 구성으로 시각적 호감을 극대화한다.

⑥ 재료를 씻은 후에 물기를 완전히 제거한다.

⑦ 모양은 복잡하지 않고 산뜻하고 정갈하게 만든다.

⑧ 샐러드는 소스와 함께 맛을 보는 습관을 갖는다.

2) 드레싱

비네그레트 드레싱처럼 식초와 기름을 섞은 소스도 비교적 새로운 것이라 할 수 있다. 그렇기는 하나 급속히 전개된 음식의 서구화 속에서 샐러드는 건강식이라는 이미지와 함께 지금은 식탁에서 빠질 수 없는 것이 되었다.

이런 샐러드와 함께 하는 비네그레트 드레싱 구성은 매우 간단하여 기본적으로는 식초 1에 기름 3~4의 비율로 하고, 조미료는 소금과 후추뿐이다. 드레싱 중에는 로크포르 치즈를 갈아 첨가한 로크포르 드레싱이라는 것이 있다. 요즘은 드레싱도 비약적인 진보를 보여 기호에 따라 다양한 비네그레트 드레싱을 만들 수 있게 되었다. 기름은 무엇보다 올리브유가 중심이 된다. 오일도 식초처럼 다양하여 피스타치오, 헤이즐넛, 호두 등에서 얻은 기름이나 최근에는 향이 좋은 땅콩기름과 참기름도 시판되고 있기 때문에 응용 범위가 넓어졌다. 샐러드 하면 양상추 같은 생채소가 중심이었으나 요즘에는 단순한 샐러드가 아닌 일품 전채요리로서 찬 것에 국한하지 않고 생선요리부터 푸아그라, 송로버섯, 각종 버섯, 야생 조류 등 다양한 재료를 아우르는 화려한 요리도 만들 수 있게 되었다.

오늘날에 있어서 비네그레트 드레싱을 이처럼 언뜻보아 단순해 보이지만 사실은 복잡한 것도 많다. 그러나 관건은 재료를 어떻게 배합해서 그 고유의 맛을 어디까지 승화시키는가에 있다. 그런 의미에서 오늘날 비네그레트 드레싱을 조리인의 감성과 역량을 크게 가늠할 수 있는 소스라 하겠다.

4. 소스

소스sauce란 여러 가지 음식물 특히 육류, 생선 및 가금류 등에 따라 나오는 액체 또는 반액체 상태의 젤라틴 성분이다. 소스에는 단것, 신것 또는 짭짤한 것의 여러 가지가 있다. 육수와 소스는 전통적인 프랑스 조리법을 특징짓는 음식물로서 조리법의 기초로 일컬어질 만큼 중요한 것이다. 소스는 음식의 맛을 보충하거나 강조하고, 음식의 수분을 유지시키며 감촉을 더하고, 음식을 더 보기 좋게 해 준다. 소스의 종류는 수백 종이 넘으나, 크게 나누면 5개의 그랜드 소스grand sauce와 컨템포러리 소스contemporary sauce(현대식 소스)로 나눌 수 있다.

1) 퐁이란 무엇인가?

퐁fond이란 육수를 말한다. 프랑스 출신 요리인인 오귀스트 에스코피에는 현대 요리의 바이블이라고 일컬어지는 『Le Guide Culinaire(요리 입문서)』 속에 "퐁은 요리의 기본이자 가장 필수요소로 퐁 없이 정식 요리를 한다는 것은 불가능하다. 그러므로 그 중요성은 아주 커서 좋은 요리를 만들고자 하는 요리인이 가장 신경을 써야 할 대목이다"라고 기술하였다. 요리의 기본으로 또 요리의 출발점으로도 퐁이 얼마나 중요한지는 앞의 에스코피에의 말을 듣지 않아도 요리사에 입문한 사람이라면 충분히 인식하고 있을 것이다.

이 기본 중의 기본인 퐁을 만드는 법은 예나 지금이나 변함없지만 시대 흐름에 따라 어느 정도 변화는 있었다. 그 좋은 예가 소량으로 시간을 별로 들이지 않고 만드는 퐁이 쥬 jus라고 불리게 된 것이다.

2) 퐁을 만드는 포인트

퐁을 만드는데는 기술은 그다지 필요로 하지 않는다. 관건은 각 포인트를 얼마나 주의깊게 실행하느냐에 달려 있다. 그중에서도 재료의 품질조사와 구입은 가장 유의해야 할 점이다. 좋은 퐁을 만들기 위한 5가지 포인트는 다음과 같다.

① 재료가 신선할 것 : 요리는 재료 자체가 완성도에 반영된다. 물에서 우려내는 퐁은 재료의 풍미가 그대로 전달되기 때문에 신선도 조사가 필수이다.

② 적정한 양일 것 : 많은 퐁 및 찜요리 등의 공통점은 어느 정도 이상의 양이 없으면 그 상승효과에 의한 맛과 풍미 등을 기대할 수 없다는 것이다.

③ 소정의 시간을 충분히 들일 것 : 특히 뼈 등은 단시간으로는 그 성분을 충분히 우려낼 수 없다.

④ 거품과 기름을 제거할 것 : 퐁이 완전히 끓을 때까지 생기는 거품과 끓이면서 생기는 거품은 수시로 정성껏 걷어 내야 한다.

⑤ 은근하게 끓일 것(펄펄 끓이지 말 것) : 끓고 나서 화력을 일정하게 유지하면서 퐁의 표면이 조용한 상태(출렁임이 없는 상태)

퐁의 중요한 역할은 '감칠맛의 근원'으로서 나중에 완성된 요리에 퐁 제조에 대한 마음가짐이 그대로 반영된다. 따라서 적당히 하는 식으로는 좋은 퐁을 기대할 수 없으며 나름대로의 배려와 주의력을 필요로 한다. 요리는 정성이라는 말도 있지 않은가!

3) 퐁의 종류와 내용

종류	내용
fond blanc (white stock)	송아지뼈, 닭고기, 채소를 사용하며 물을 넣고 맑은 육수를 만든다. 주로 수프와 소스의 기본에 사용한다.
fond brun (brown stock)	송아지뼈와 채소를 갈색으로 볶아 물을 붓고 끓인다. 주로 갈색 소스의 기본이다.
fond de volaille (chicken stock)	닭고기나 닭뼈와 채소를 넣고 물을 넣고 끓여서 맑게 만든 육수이며, 주로 수프에 많이 사용한다.
fumet de poisson (fish stock)	흰 생선과 뼈, 양파와 셀러리, 백포도주를 넣고 찬물을 넣어 끓인 것을 걸러서 사용한다. 주로 생선 수프나 소스로 사용한다.

퐁 블랑

퐁 블랑fond blanc이라는 말은 익숙하지 않고 오히려 부용bouillon이 친숙한 말이다. 퐁 블랑은 송아지뼈나 송아지고기 혹은 쇠고기, 닭고기, 향신료를 넣고 뽑은 향미 가득한 육수로 주로 화이트 계열 소스나 찜에 사용된다. 소스용 베이스로서 향미와 감칠맛이 풍부하며, 퐁 블랑은 그 목적에 따라 재료를 다소 변화시키거나 물의 양과 시간을 조절하는 것도 가능하다. 그런 의미에서 조절에 따라 훌륭한 부용의 역할도 할 수 있는 것이다.

퐁 드 볼라이유

퐁 드 볼라이유fond de volaille 대용으로 퐁 블랑 또는 부용이 가끔 사용되지만 기본적으로 닭 콘소메나 포타주, 닭을 이용한 전반적인 요리에는 가능한 한 퐁 드 볼라이유를 사용하는 것이 좋다. 닭고기는 재료 구입도 쉽고 조리시간도 쇠고기에 비해 훨씬 단축시킬 수 있기 때문에 비교적 퐁을 쉽게 만들 수 있다는 장점이 있다.

퐁 드 보

요리도 각 시대 배경에 따라 기호의 변천 및 조리기술의 혁신이 이루어져 왔다. 그런 의미에서 퐁 드 보fond de veau야말로 그중 으뜸이라 하겠다. 퐁 드 보는 현재 음식 환경상 필연적으로 가치가 높아진 육수로, 현대요리에 있어서 고기요리의 전반적인 소스 재료로서 또한 조림(찜) 등에도 이용되는 중요한 육수가 되고 있다. 특히 퐁 드 보를 이용해서 만드는 퐁 드 보 리에나 보들레이즈 소스는 원래 주류였던 에스파뇰과 데미글라스 소스를 대신하여 현대요리 소스에 있어 중심적인 역할을 담당하고 있다.

그러면 오늘날 퐁 드 보가 어떻게 중심이 된 것일까? 일상의 생활방식 및 속도는 시대의 식생활과 밀접하게 연결되어 서로 영향을 주고 받는다. 현대의 생활리듬은 이전에 비해 무한도로 빠르게 변하고 있다. 동시에 사물에 대한 모든 가치관도 급속히 변하고, 도처에서 간소화가 이루어지고 있다. 예전의 에스파뇰, 데미글라스 소스는 그래도 시간적인 여유가 있어서 며칠 걸려 소스를 만들 수 있었다. 그러나 현재는 오랫동안 진행되는 일이 어려워졌다. 그러한 점이 퐁 드 보 중심으로 이행된 이유 중 하나가 아닐까 싶다.

나아가 맛에 대한 시대의 변화도 간과할 수 없다. 이를테면 상제singer라고 하여 밀가루를 뿌리는 수법 정도라면 모르지만 루처럼 밀가루를 버터에 볶아 소스를 걸쭉하게 하거나 농도를 내는 방법은 오늘날 건강을 위한 음식의 웰빙화 및 맛의 세련미 면에서 덜 중요시 되고 있다. 소스나 수프를 혼탁하게 하고 소화에도 나쁘기 때문이다. 그런데 퐁 드 보를 한층 더 농축시킨 퐁 드 보 리에는 이전의 에스파뇰 또는 데미글라스 소스와 비교하여 완전히 다른 부분이 있다. 퐁 드 보 리에는 그 이용 목적에 따라 어떤 식으로든 응용할 수 있는 유연성이 있으며 경쾌하면서도 그 깊은 향미와 다채로움으로 인해 각종 소스를 파생시킬 수 있지만, 에스파뇰과 데미글라스 소스는 그 자체가 획일적으로 또 개성적으로 완성된 소스인 까닭에 다양성이 떨어지고 사용 목적도 한정되는 경향이 있다. 게다가 미각적으로도 좀 무거운 느낌이 있어 이 역시 오늘날 사용하지 않게 된 요인 중 하나라 할 것이다.

어쨌든 퐁 드 보는 기본이 되는 육수이니만큼 최선의 노력을 다하고 항상 만족할 만한 상황을 유지하도록 한다.

퓨메 드 포와송fumet de poisson

최근 조리방법은 식생활의 흐름과 기호를 반영하여 몇 가지 변화를 보인다. 이전의 일반적이었던 방법이 현격히 줄어들고 방식 그 자체가 새로운 관점으로 재해석되는 것도 있다. 그러한 경향은 좋은 의미의 조리 간소화나 근대화로도 이어지고 있다.

4) 현대식 소스contemporary sauce

잘 알려진 대로 소스의 어원은 라틴어의 'salsus(소금)'에서 온 것이다. 고대사회 맛을 내는 데 소금이 얼마나 중요한 것이었는지 알 수 있다. 오랜 세월이 흐른 지금에도 별 차이 없이 소금이야말로 마지막 맛내기 재료로 가장 이용되고 있다.

그렇기는 해도 근대화에 따른 미각의 변화와 조리기술의 진보로 인해 맛의 표현이 더 넓어진 것도 사실이다. 우선 요리에서 소스는 그러한 의미로 아주 중요한 위치에 있어서 역대 요리장의 노력에 의해 발전되어 왔다.

기본은 기본으로서 하나의 법칙이 되고 항상 원칙에 서 있어야 하지만 시대 흐름과 함

그랜드 소스(Grand sauce)			
데미글라스 소스 (Demi glace sauce)	레드와인, 샬롯, 페퍼콘, 월계수입, 다임, 본 마로우	→	보들레즈 소스
	화이트 와인, 식초, 미르포와, 마늘, 페퍼콘	→	후추 소스
	화이트 와인, 샬롯, 허브, 카이얀 페퍼	→	디아블 소스
	화이트 와인, 양파, 레몬 주스, 겨자	→	로버트 소스
	마데라 와인, 버터	→	마데라 소스
	샬롯, 양송이버섯, 화이트 와인, 토마토	→	헌터 소스
	레드와인, 오렌지, 레몬제스트, 케이년페퍼	→	비가레이스 소스
	샬롯, 통후추, 화이트와인, 버터, 허브, 레몬	→	콜버트 소스
벨루테 소스 (Veloute sauce)	생크림	→	슈프림 소스
	화이트 와인, 샬롯, 생선 스톡, 파슬리	→	베르시 소스
	토마토 퓨레	→	오로라 소스
베샤멜 소스 (Bechamel sauce)	생크림	→	크림 소스
	파마산 치즈 또는 그뤼에르 치즈	→	모네이 소스
	갑각류 퓨레와 속살, 생크림	→	난투아 소스
토마토 소스 (Tomato sauce)	토마토 농축	→	이태리언
	토마토, 샬롯, 마늘	→	프로방셜
	토마토, 바질, 타라곤	→	토마토 퐁듀
홀랜다이즈 소스 (Hollandaise sauce)	오렌지 과육 농축	→	말타제 소스
	브라운 버터	→	버터 누와제트 소스
	휘핑 생크림	→	무슬린 소스
	화이트 와인, 샬롯, 허브	→	베아네즈 소스

께 식문화도 변화하고 있는 점을 생각하면 조리기술의 기본도 좋은 의미에서 시대에 부합한 수정이 이루어져야 한다.

현대요리의 소스를 구성하는 기본재료의 종류를 가능한 한 줄이고 이전에는 거의 볼 수 없었던 '물'을 종종 사용하면서 단순하면서도 개성을 부각시키는 소스를 만들고 있다. 그리고 무엇보다 향신료를 포함하여 향기 등 다양한 풍미에 대한 관심이 깊어져서 동양과 열대지방은 물론이고 좀 과장하면 전 세계 방방곡곡의 새로운 향료까지 찾아내고 있는 실정이다. 그래서 요즘의 레스토랑에서는 고전적인 요리도 예전처럼 접시에 소스를 가득 뿌리는 일은 없어지는 추세이다. 오히려 소스 양이 현격하게 감소하고 있다고 해도 과언이 아니다. 그런 만큼 소스가 지니는 의의는 각별하다고 할 수 있다.

5. 육류, 가금류 조리법

1) 쇠고기

쇠고기는 소의 품종, 사육방법, 성숙의 기간에 따라, 그리고 부위에 따라 품질과 맛이 달라진다. 요리의 이용목적에 따라 연령 차이를 두고 있다. 대개 2~3년된(30개월 미만) 어린 소가 주로 스테이크, 로스트에 사용되고, 곡물을 먹여 키운 소가 상품으로 인정 받는다. 사육 시 풀만 먹고 자란 소는 육질에서 배어나는 특유의 좋지 않은 냄새와 육질이 질긴 경우가 많다. 일반적으로 붉은 살코기에 지방이 적당히 들어간 연한 고기를 선호한다. 특히 살코기에 지방이 서리내린 것처럼 끼어있는 부분(마블링marbling)을 상품으로 꼽는다. 육류의 평가등급은 마블링에 의존했으나, 요즈음은 탄력, 산출량 정도, 향기를 표준지침으로 하고 있다. 또한 맛보다는 건강의 의미로 지방질이 없는 상품을 선호하는 경향이 사회적 분위기이다. 어떤 경우이는 각 부위에 따라 적합한 조리법을 택하는 것이 고기요리를 맛있게 해낼 수 있는 비결이다.

용도에 따른 쇠고기 분류

- 육용종(고기소) : 쇼토혼shorthorn종, 해리퍼드Hereford종, 브라만Braman종, 산타거트루디스Sant Gurtrudis종, 샤롤레이종

- 유용종(젖소) :홀스타인Holstein종, 저지Jersey종, 건지Guermsey종
- 역용종(일소) : 한우, 중국의 황우, 산동소
- 겸용종(유육겸용) : 소트혼종, 태본종, 시멘탈종

쇠고기 등급

- 한우 품질등급 : 1++, 1+, 1, 2, 3등급
- 미국산 품질 등급 8등급 : 프라임prime, 초이스choice, 셀렉터select, 스탠다드standard, 커머셜commercial, 유틸리티utility, 커터cutter, 캐너canner
- 미국산 수율 등급 5단계 : 1, 2, 3, 4, 5
- 호주산 품질등급 : 1, 2, 3, 4, 5, 6

2) 쇠고기 부위별 특징

쇠고기 부위별 육질 특성은 수입육이 지니는 고유번호에 따라 국가별로 약간씩 차이가 있다고 볼 수 있다.

안심tenderloin

포유류의 안심은 모두 동물의 방심쪽에 머리를 두고 척추뼈를 중심으로 아래쪽에 위치해 있으며 소의 경우는 평균 2.5~3.6kg 정도의 2개의 안심이 들어 있다. 대체적으로 부위별 육질의 연함과 질김은 소의 운동 부분에 따라서 달라지는데 안심의 경우는 직접적인 운동과는 관계없는 부분에 위치하고 있기 때문에 소의 부위육 중 가장 연하고 부드럽다. 스테이크용으로 가장 많이 사용되며 안심중 헤드와 꼬리쪽은 찹 스테이크용으로 사용된다. 조리에 이용할 때에는 안심의 주위를 감싸고 있는 기름과 힘줄을 완전히 제거하여 사용하기 때문에, 비프 필렛beef fillet이라고 하며, 순수한 살코기라는 뜻이다.

- 샤또 브리앙chateau briand : 프랑스 혁명전 귀족 Chateau Briand이 즐겨 먹었던 것으로 그의 주방장인 몽미레이유에 의해서 고안되어 이름이 붙여졌다.
- 토네도tournedos : 이 요리는 1650년 파리에서 처음으로 시작되었던 것으로 tournedos란 '눈을 깜박할 사이에 다 된다'는 의미이다. 이것은 필렛fillet의 앞쪽 끝부분을 잘라서 베이컨을 감아 구워 내는 요리이다.

- 필렛 미뇽fillet mignon : '필렛fillet 고기의 아주 예쁜 소형의 스테이크'란 의미로 필렛 꼬리 쪽에 해당하는 세모진 부분을 베이컨으로 감아서 구워 내는 요리이다.

갈비short rib

소의 갈비뼈 6~7번 사이를 절단하여 산출한다. 육질은 한국인이 선호하는 쫄깃하면서 고소함이 있는 육질이다. 조리용도는 그릴이 좋으며, 갈비의 기준은 꽃등심을 절단한 상태에서 갈비의 중간 부분을 자르고 그중에서 6~8번의 갈비를 절단한 상태이다.

꽃등심ribeye

소의 갈비 6번째에서 12번째 사이에 들어 있는 등심이며 위로는 목심이 있고 아래쪽에는 스트립로인이 있다. 등심으로는 최상급으로 분류되며 지방질을 많이 포함하고 있으므로 육질이 고소하고 맛이 있다. 조리용도로는 스테이크와 덩어리 로스트가 있다. 꽃등심의 기준은 6~12번째 갈비뼈 사이에 들어 있는 등심이어야 하며, 모든 근육, 뼈, 연골, 힘줄 및 바깥 지방이 제거된 상태다.

- 서로인 스테이크sirloin steak : 영국의 왕이었던 찰스 2세가 명명한 것으로 왕이 이 부분의 고기를 얼마나 즐겨 먹었던지 이 스테이크에 남작 작위를 수여할 정도였다. 그 후 loin에 Sir이라는 경어를 붙여서 sirloin이라고 한 것이다.

채끝등심striploin

소의 마지막 갈비부터 뒷다리까지의 부위이다. 기름기가 적기 때문에 부드러움은 좀 덜하다. 조리용도로는 스테이크와 로스트가 적당하며, 13번째 갈비를 따라서 5cm 이내 안심 끝 지점까지 직선으로 잘라 옆구리 가장자릿살을 제거한 상태이다. 티본T-bone 스테이크의 절단도 이 부분에서 이루어진다.

안심과 등심 혼합

Porter house, T-bone, Top loin, Club

- 포터하우스 스테이크porterhouse steak : 하나의 허리고기 윗부분 사이에서 안심과 등심에 뼈를 T자 모양으로 포함하여 잘라낸 큰 스테이크이다(450g).
- 티본 스테이크T-bone Steak : 포터하우스 스테이크를 자른 다음 조금 작은 부분의 뼈를

T자 모양을 포함하여 자른 것으로 1인분의 무게는 약 350g이다.

3) 쇠고기 감별법

마블링marbling

안심과 등심에 기름이 포함된 조직에 따라 고기의 연한 정도를 판별하는데 이용된다.

쇠고기

색이 빨갛고 윤택이 나며 얄팍하게 썰었을 때 손으로 찢기 쉬운 것이 좋다. 또한 수분이 충분하게 함유되고(60%), 손가락으로 눌렀을 때 탄력성이 있는 것이 좋다. 고기의 빛깔은 윤기가 나는 선홍색이 좋으며, 색이 옅으면 어린 소로 맛이 떨어지고, 반대로 진하면 늙은 소이든가 운동할 때 쓰는 근육 부위이므로 고기가 단단하다. 고기의 결이 섬세하고 연한 것이 좋으며, 늙은 소의 고기는 결이 거칠며 또한 질기다. 지방의 색은 우유빛이고 끈기가 있다. 소 특유의 향기가 나는 것이 좋으며 지방에 누런빛을 띤 것은 목초만을 먹고 자란 소는 풀 냄새가 나서 맛이 떨어진다. 하얗고 단단하며 파삭파삭한 기름은 같은 배합사료를 먹고 자란 소에게서 얻을 수 있다.

4) 돼지고기

우리에게 친숙한 돼지고기pork는 종류가 너무 많아 고민을 하게 된다. 최상품의 돼지고기는 우선 사료를 충분히 먹인 것과, 지방이 하얗고 살코기는 분홍색을 띠며 고기에 윤기와 탄력이 있어야 한다.

돼지고기 부위별 조리

- 목심 : 감칠맛이 좋고 육질이 좀 단단하며 소테, 스튜, 돈가스 등으로 사용
- 등심 : 스테이크, 철판구이, 바비큐로 조리
- 삼겹살 : 살코기와 지방이 층층이 이루어져 있으며 구이와 그릴에 적당

특징과 조리요령

품종 개량으로 인해 예전보다 지방이 적고 담백한 맛이 증가했고, 부위별 사용범위도 점점 확대되고 있다. 돼지고기를 갈아서 향신료를 첨가하여 만든 소시지류와 햄버거 등에

도 좋은 재료가 된다. 돼지고기의 품질이 많이 증가하고 있지만 덜 익혀 먹는 것은 주의해야 한다.

돼지고기 등급

- 국내산 품질등급 : 1+, 1, 2등급

5) 가금류

가금류poultry는 닭chicken, 거위goose, 오리duck, 칠면조turkey, 메추리quail 그리고 비둘기pigeon 같이 판매하기 위해 기르는 사육가금류를 말한다. 가금류는 흰색 고기를 가진 가금류와 붉은색 고기를 가진 가금류로 구분한다. 특히 닭고기는 육수를 만드는데 필수적으로 많이 이용하며, 요리에도 다양한 방법으로 이용되고 있다.

① 흰색을 가진 가금류 : 닭, 칠면조

② 붉은색을 가진 가금류 : 오리, 거위, 비둘기

③ 가금류의 식육품질은 다른 조류보다 우수하다. 이 어린 가금류의 특징은 흰색육을 가진 가금류는 온순하며 가슴뼈에 살이 있고, 강한 발과 날카로운 발톱, 밝고 붉은 색의 빛, 매끄러운 다리껍질은 가지고 있다. 붉은색육을 가진 가금류는 부드럽고 목이 유연하다.

④ 가금류의 조리방법은 로스팅roasting, 그릴링griling, 꼬치구이brochette, 프리카세fricasse, 갈라틴galatine, 테린terrine 등 다양하다.

⑤ 국내산 닭고기 품질등급 : 1+, 1, 2등급

⑥ 가금류의 저장 : 신선한 가금류는 1~3℃의 온도, 70~75% 습도의 냉장고에 항상 저장하여야 한다. 냉동 가금의 육질은 좋은 처리과정을 거치면 신선한 가금의 육질과 동일하지만 부적절하게 저장하면 육질에 영향을 준다. 냉동 저장하려면 -20~-18℃ 온도를 유지해야 한다. 닭고기는 칼로리도 낮아 많은 사랑을 받는 가금류이나 상하기 쉬운 점은 옥에 티다.

6. 생선 기본조리법

최근 생선류를 선호하는 사람들이 점점 늘어나고 추세이며 요리에 있어서도 어패류가 차지하는 비율이 점점 확대되고 있다고 볼 수 있다. 어류는 사는 곳에 따라 해수어와 담수어로 구분하며, 갑각류란 딱딱한 등껍질을 가지는 게나 새우 등을, 패류는 조개와 같이 속은 연체동물이나 껍질은 딱딱한 것을 의미한다. 생선요리에서 가장 중요한 첫째는 신선도이고, 그 다음이 손질이다. 요리는 신선한 소재를 선택하는 것이 가장 중요하다. 생선조리에서 가장 중요한 조건은 어취를 없애는 것이다.

어패류의 손질은 까다롭고 여겨진다(단락 분리). 생선 모양에 따라 가자미과 생선류flat fish(광어, 도다리 등)와 일반적인 생선류round fish(대구, 농어, 연어, 도미 등)로 나뉜다.

흰살생선은 비린내가 나지 않아 먹기 좋다. 특별한 날에 먹는 도미와 광어라고 흔히 부르는 넙치, 넙치와 생김새가 비슷한 가자미, 그리고 조금 독특하게 생긴 생선 등 종류가 다양하다. 일반적으로 눈이 몰려 있는 쪽을 향하게 누웠을 때 머리의 왼쪽으로 향하고 있 으면 넙치, 오른쪽을 향하고 있으면 도다리라고 판별을 한다.

1) 생선 기본손질법

생선조리에서 가장 중요한 조건은 어취를 없애는 것이다.

① 생선 전체를 물로 잘 씻는다.

② 비늘 제거기구를 사용하여 비늘을 제거한다.

③ 배를 가른 후 아가미와 내장을 빼낸다.

④ 뱃속을 잘 씻고 종이타월로 물기를 제거한다.

⑤ 머리를 자르고 가슴지느러미가 뻗은 방향으로 칼을 넣어 분리한다.

⑥ 뼈가 붙은 쪽의 살은 등쪽의 머리 부분부터 칼을 넣어 분리한다.

2) 생선 조리방법

일반적으로 생선은 조리방법이 다양하지만, 첨가하는 종류에 따라 여러 방법들이 있다.

식초, 과일 또는 산 첨가

아민amine류는 산과 결합하면 냄새가 없어지므로 식초, 레몬즙, 레몬, 유자 등을 이용한다. 식초는 생선의 냄새를 해소하는 것뿐만 아니라 뼈의 칼슘까지도 가용성 물질로 만들기 때문에 뼈째 먹을 수 있는 요리가 된다. 생선의 마리네이드marinade도 식초의 작용으로 생선 특유의 냄새를 없앨 수 있다.

술

생선조리에 술을 사용하면 어취가 약해진다. 약간 오래된 생선은 술을 첨가한 물에 씻어 어취를 없애는 경우도 있다. 술은 호박산succinic acid이 있으므로 맛도 좋다. 특히 어취를 제거하기 위한 방법으로 백포도주를 이용하기도 한다.

파

파의 휘발성 물질인 황화알릴allyl sulfide류의 냄새로 어취를 약화시킬 수 있다. 생선을 가열 조리할 때보다 어육이 익은 후에 파를 넣어서 조리하면 파의 냄새가 일부 남아 어취가 덜하다. 마늘에는 알리신allicine이 있어서 냄새와 자극을 준다.

생강

생강의 매운 방향성분은 결정성의 진저론zingeron과 유장의 쇼가올shogaol이다. 그밖에 생강에는 아밀라아제amylase, 프로테아제protease, 트립신trypsin 등의 효소가 있으므로 조리에 생강을 사용하면 어취 해소뿐만 아니라 약간의 연육작용도 일어난다. 생강은 생선이 pH 5.6~6.0일 때 가장 효과가 있다.

고추

후추, 고추에는 캡사이신capsaicin이란 성분이 들어 있어서 자극성이 있는 향기와 매운맛을 나타내며, 후추에는 피페린piperin의 입체이성체인 차비신chavicine이 매운맛을 나타낸다.

카레

카레가루는 유자가루, 고춧가루, 생강가루, 정향, 후추, 터메릭turmeric 등을 혼합해서 만든 분말이며 생선조리에 사용해서 어취를 해소한다. 터메릭에는 쿠민cumin이란 매운 물질이 들어 있다.

무

무에는 메틸 머캅탄methyl mercaptan과 겨자유mustard oil가 들어 있어서 향기와 매운맛을 나타낸다. 따라서 우리나라에서는 생선을 조릴 때나 생선찌개를 조리할 때 무를 많이 이용하며, 굴회, 생선회 등을 먹을 때의 양념장에도 무 간 것을 넣는다.

고수, 들깻잎, 파슬리, 쑥갓, 미나리, 풋고추

고수에는 펠란드렌phellandrene이란 성분 등이 있으며, 들깻잎에는 시소알데하이드siso-aldehyde, 파슬리에는 피넨pinene, 아피올apiol 등이 들어 있어서 향기를 풍긴다. 외국에서는 파슬리와 셀러리를 이용하는 데에 비해, 우리나라는 쑥갓, 미나리, 고수, 들깻잎, 풋고추 등을 많이 이용한다.

우유

우유는 생선의 비린 냄새를 해소시킨다. 서양요리에서는 생선을 우유에 담가서 조리한다.

7. 채소 조리법

1) 채소의 가열조리

채소의 가열조리에는 삶기, 데치기, 튀김, 볶음 등의 방법이 있는데, 삶을 때는 수분을 빨리 탈수시키기 위하여 소금을 약간 넣어 삶으며, 삶는 물의 양은 재료의 5배 정도가 좋다.

2) 채소 조리 시에 일어나는 손실

조리 시에 일어나는 손실은 대개 휘발성 산의 수용성 물질이 물에 용해되어 그 열에 의한 영양가의 파괴로 인한 손실을 들 수 있다.

표 7-3 채소 데치기

채소의 색상	채소 종류	첨가물	비고
녹색	시금치, 브로컬리	뚜껑을 열고 조리(산의 휘발)	수산 제거
적색	적채	산을 첨가(레몬즙, 식초)	
황색	당근	소량의 물에 뚜껑 닫고 압력	
백색	컬리플라워	주석산(cream of tartar)	

주의 : 채소를 데칠 때 베이킹소다(baking soda)를 첨가하면 채소의 섬유질이 너무 빨리 연하게 되기 때문에 익는 정도를 측정할 수 없어 잘 사용하지 않는다.

휘발성 물질

식물 내의 여러 유기산 중에서 휘발성 산은 가열하면 사용하는 물에 용해되었다가 휘발하게 된다. 휘발한 물질은 영양가와는 관계없지만 채소에 포함되어 있는 향기가 휘발한 것이다.

수용성 물질

채소에 함유되어 있는 영양성분과 비영양성분들은 거의 수용성인데, 그중에서 가장 문제가 되는 것은 수용성 질소, 수용성 비타민, 무기질, 당분 등이다. 예를 들어, 콩을 담근 물이나 삶은 물이 거품을 일고 미끈거리는 것은 수용성 질소가 용출되었기 때문이다.

열에 의하여 파괴되는 물질

채소에 함유되어 있는 여러 물질 중에서 엽록소와 비타민 C는 열에 가장 예민하게 반응한다.

3) 식물성 식품의 색소

① 클로로필 색소(엽록소) : 식물의 녹색채소의 색으로 Mg을 함유하며, 열과 산에 불안정하다.

② 플라보노이드 색소 : 색이 엷은 채소의 색소로서 산에는 안정, 알칼리에는 불안정하다.

③ 안토시안 색소 : 보라, 빨강의 아름다운 빛깔로 산성 → 중성 → 알칼리성으로 변함에 따라 적색 → 자색 → 청색으로 변색된다.

④ 카로티노이드 색소 : 황색, 주황색의 색소로서 산, 알칼리에는 변화가 없으나 광선(빛)에 민감하다.

수험자 유의사항

1) 만드는 순서에 유의하며, 위생과 숙련된 기능평가를 위하여 조리작업 시 맛을 보지 않습니다.
2) 지정된 수험자 지참 준비물 이외의 조리기구나 재료를 시험장 내에 지참할 수 없습니다.
3) 지급재료는 시험 전 확인하여 이상이 있을 경우 시험위원으로부터 조치를 받고, 시험 중에는 재료의 교환 및 추가지급은 하지 않습니다.
4) 요구사항의 규격은 '정도'의 의미를 포함하며, 지급된 재료의 크기에 따라 가감하여 채점합니다.
5) 위생상태 및 안전관리 사항을 준수합니다.
6) 다음 사항에 대해서는 **채점대상에서 제외**하니 특히 유의하시기 바랍니다.
   - 가) 기권　수험자 본인이 시험 도중 시험에 대한 포기 의사를 표현하는 경우
   - 나) 실격　(1) 가스레인지 화구 2개 이상(2개 포함) 사용한 경우
     (2) 불을 사용하여 만든 조리작품이 작품 특성에 벗어나는 정도로 타거나 익지 않은 경우
     (3) 시험 중 시설·장비(칼, 가스레인지 등) 사용 시 감독위원 및 타 수험자의 시험 진행에 위협이 될 것으로 감독위원 전원이 합의하여 판단한 경우
   - 다) 미완성　(1) 시험시간 내에 과제 두 가지를 제출하지 못한 경우
     (2) 문제의 요구사항대로 과제의 수량이 만들어지지 않은 경우
   - 라) 오작　(1) 구이를 찜으로 조리하는 등과 같이 조리방법을 다르게 한 경우
     (2) 해당 과제의 지급재료 이외의 재료를 사용하거나 석쇠 등 요구사항의 조리도구를 사용하지 않은 경우
   - 마) 요구사항에 표시된 실격, 미완성, 오작에 해당하는 경우
7) 항목별 배점은 위생상태 및 안전관리 5점, 조리기술 30점, 작품의 평가 15점입니다.

기초서양조리의 **실기**

조리기능사 실기시험문제 33개

조식요리

전채요리

스톡과 수프

소스와 드레싱

샐러드

파스타

생선요리

육류와 가금류 요리

샌드위치

응용 메뉴

치즈 오믈렛 cheese omelet

주어진 재료를 사용하여 다음과 같이 치즈 오믈렛을 만드시오.

가. 치즈는 사방 0.5cm 정도로 자르시오.

나. 치즈가 들어가 있는 것을 알 수 있도록 하고, 익지 않은 달걀이 흐르지 않도록 만드시오.

다. 나무젓가락과 팬을 이용하여 타원형으로 만드시오.

재료 및 분량(1인분)

달걀egg	3ea
치즈cheese(가로×세로 8cm 정도)	1장
버터(무염)butter	30g
식용유salad oil	20mL
생크림cream(조리용)	20mL
소금salt(정제염)	2g

- 오믈렛 팬은 코팅이 되어 있으며, 지름 18cm 정도 크기로 테두리가 깊은 것이 좋다. 작업하는 과정에 원심력 때문에 달걀이 밖으로 나오려는 것을 예방하는 효과가 있다.
- 오믈렛 팬은 달걀요리에만 사용하여 코팅이 벗겨지지 않도록 하며, 사용 후에는 키친타월이나 종이행주를 사용하여 닦는 것이 중요하다(중성세제를 사용할 경우에는 팬이 눌어붙을 우려가 있다).

만드는 법

1 재료 준비하기(8분)

1) 달걀은 껍질을 제거하여 믹싱볼에 넣고, 거품기를 이용하여 흰자의 알끈이 끊어질 때까지 잘 휘저어 고운 체로 거른다.

2) 치즈는 가로×세로 5mm 크기로 썰어 둔다.

2 작업 준비(5분)

1) 오믈렛용 프라이팬을 스토브 중불 위에 올려서 뜨거울 때까지 가열되면 식용유 10mL을 넣어 팬을 코팅한다. 키친타월이나 종이행주를 이용하여 깨끗하게 닦는다.

3 오믈렛 만들기(7분)

1) 준비된 달걀에 소금과 생크림을 혼합한다.

2) 오믈렛 팬을 중불에 가열하여 뜨거워지면 식용유 10mL를 넣어 팬 바닥에 골고루 묻히고 버터를 넣어 녹인다.

3) 준비한 달걀 혼합물을 넣고, 왼손으로 팬을 앞, 뒤로 흔들고 나무젓가락으로 원을 그리면서 부드러운 스크램블이 되게 한다. 썰어 둔 치즈를 올리고, 약 4초간 달걀이 굳기를 기다린다. 팬을 45°로 세워서, 스크램블에 치즈가 덮어지고 팬의 1/3 아래로 밀어 내린다.

4) 오믈렛 팬을 위, 아래로 움직이면서 손목 스냅으로 잡아 주는 과정을 반복한다. 나무젓가락으로 오믈렛의 가장자리를 타원형으로 만들어지도록 눌러 준다. 오믈렛 표면이 갈색이 나고 익으면 접시에 담는다.

4 마무리

1) 작업한 스토브와 작업대, 싱크대는 깨끗하게 마무리 청소를 실시한다.

스패니시 오믈렛 spanish omelet

주어진 재료를 사용하여 다음과 같이 스패니시 오믈렛을 만드시오.

가. 토마토, 양파, 청피망, 양송이, 베이컨은 0.5cm 정도의 크기로 썰어 오믈렛 소를 만드시오.

나. 소가 흘러나오지 않도록 하시오.

다. 소를 넣어 나무젓가락과 팬을 이용하여 타원형으로 만드시오.

재료 및 분량(1인분)

달걀egg	3ea
청피망green pimento(중, 75g 정도)	1/6ea
양파onion(중, 150g 정도)	1/6ea
베이컨bacon(길이 25~30cm)	1/2조각
양송이mushroom(1개)	10g
소금salt(정제염)	5g
토마토케첩tomato catchup	20g
검은후춧가루pepper	2g
식용유salad oil	20mL
버터(무염)butter	20g
토마토tomato(중, 150g 정도)	1/4ea
생크림(조리용)	20mL

- 효율적인 작업을 위해서 썬 재료들을 파이 팬에 돌려가면서 담아 두면 볶는 순서대로 작업하기 편리하다.
- 베이컨은 차가운 팬에 넣고 조리를 시작한다(뜨거운 상태에서 조리를 시작하면 쉽게 눌어붙는다).
- 토마토 콩카세는 껍질을 제거하기 위하여 뜨거운 물에 넣고(blench) 5초간 데친 후에 차가운 물에 넣고 식혀서 껍질을 제거한다.
- 스패니시 오믈렛은 속을 채운 내용물이 흘러나오지 않도록 스크램블 상태의 달걀 중앙에 놓고 눌러야 하며, 모양은 타원형이 되고, 달걀이 흐르지 않을 정도로 익혀야 한다.
- 달걀을 요리할 때에 불에서 내리면 팬에 붙기 때문에 항상 불 위에 있어야 작업이 쉽다.

만드는 법

1 재료 손질하기(15분)

1) 물 200mL를 스토브에 올려서 끓인다.
2) 양파, 피망, 양송이는 깨끗하게 씻고 물기 제거 후에 0.5cm로 잘라서 각각 구분하여 담는다.
3) 베이컨은 0.5cm로 잘라서 담는다.
4) 토마토는 꼭지를 제거하여 둥근 상부의 껍질에 칼집을 넣고, 1)의 끓는 물에 5초간 데친 후에 찬물에 식혀 껍질을 제거하고 0.5cm로 잘라서 담는다.
5) 달걀은 껍질을 제거하여 믹싱볼에 넣고, 거품기를 이용하여 흰자의 알끈이 끊어질 때까지 잘 휘저어 고운 체로 거른다.

2 오믈렛 소 만들기(8분)

1) 오믈렛 팬을 스토브 중불 위에 올리고, 베이컨을 넣어 기름이 나오면 양파를 넣고 5초간 볶은 후에 피망과 양송이버섯을 넣고 5초간 볶는다. 토마토케첩을 넣고 5초간 볶은 후에 소금, 후추로 양념을 한다. 다른 용기에 담는다.

3 스패니시 오믈렛 만들기(5분)

1) 체로 거른 달걀에 소금, 생크림을 혼합한다.
2) 오믈렛 팬을 중불에 가열하여 뜨거워지면 식용유 10mL를 넣어 팬 바닥에 골고루 묻히고 버터를 넣어 녹인다.
3) 준비한 달걀 혼합물을 넣고, 왼손의 팬은 앞, 뒤로 흔들며 나무젓가락으로 원을 그리면서 부드러운 스크램블이 되게 한다. 만들어 둔 오믈렛 소를 1숟가락(약 30~40g)을 올리고, 약 4초간 달걀이 굳기를 기다린다. 팬을 45°로 세워서 스크램블에 치즈가 덮어지고 팬의 1/3 아래로 밀어 내린다.
4) 오믈렛 팬을 위, 아래로 움직이면서 팬을 손목 스냅으로 잡아 주는 과정을 반복하고, 나무젓가락으로 오믈렛의 가장자리를 타원형이 되도록 눌러 준다. 오믈렛 표면이 갈색 나고 익으면 접시에 담는다.

4 마무리

1) 작업한 스토브와 작업대, 싱크대는 깨끗하게 마무리 청소를 실시한다.

슈림프 카나페 shrimp canape

주어진 재료를 사용하여 다음과 같이 슈림프 카나페를 만드시오.

가. 새우는 내장을 제거한 후 미르포아mirepoix를 넣고 삶아서 껍질을 제거하시오.

나. 달걀은 완숙으로 삶아 사용하시오.

다. 식빵은 지름 4cm 정도의 원형으로 하고, 슈림프 카나페는 4개 제출하시오.

재료 및 분량(1인분)

새우 냉동shrimp(30~40g/마리당)	4마리
식빵 샌드위치용toast bread	1장
달걀egg	1ea
파슬리parsley 잎, 줄기	1줄기
버터(무염)butter	30g
토마토케첩tomato catchup	10g
소금(정제염)salt	5g
통후추peppercorn	2g
이쑤시개toothpick	1ea
레몬lemon(길이(장축)로 등분)	1/8개
당근carrot(둥근 모양 유지)	15g
셀러리celery	15g
양파onion(중, 150g 정도)	1/8개

- 미르포와(mirepoix)는 양파 50%, 당근 25%, 셀러리 25%, 식빵은 제조일로부터 하루 경과한 것을 사용한다.
- 새우 비린내 제거와 맛 향상을 위하여 양파, 셀러리, 파슬리 줄기, 월계수 잎, 레몬즙을 넣고 삶는다. 많이 익으면 퍽퍽해지고 맛이 떨어지므로 껍질이 분홍색이 되었을 때 건져서 찬물에 담근다.
- 냉장 보관된 달걀은 30분 이상 실온에 두는 것이 좋다(삶을 때 터지지 않도록 함).
- 달걀을 너무 많이 익히면 노른자 주위가 검게 변한다. 끓는 상태에서 13분간을 지키는 것이 중요하다(물에 잠기지 않은 상태에서 삶으면 열전도율이 떨어져 잘 익지 않음).

만드는 법

1 재료 손질하기(10분)

1) 파슬리는 물에 헹구어 담가 두고, 파슬리 줄기는 자른다.
2) 당근은 필러로 껍질을 벗기고 3mm 두께의 링 모양으로 자른다.
3) 양파는 껍질을 제거하고 3mm 두께로 길게 자른다.
4) 셀러리는 필러로 껍질을 벗기고 3mm 두께로 자른다.
5) 식빵은 4등분하여 지름 4cm 크기의 링 모양으로 만든다.

2 새우 삶기

1) 냄비에 300mL의 물을 넣고, 손질한 양파+당근+셀러리, 레몬 조각, 파슬리 줄기, 통후추를 넣고 끓인다.
2) 새우는 이쑤시개를 이용하여 세 번째 마디를 찌르고, 왼손 엄지로 눌러서 내장을 제거한다.
3) 1의 끓는 물에 2)의 새우를 넣고 약 2~3분간 삶는다(삶는 동안에 새우를 꺼내어 눌러서 딱딱해지면 익은 것임). 새우는 건져서 차가운 물에 담가 식힌다.
4) 꼬리는 남기고 껍질을 제거한다. 길이로 2등분하여 담는다.

3 달걀 삶기(15분)

1) 달걀이 잠길 수 있는 양의 물+2cm 높이의 물에 소금과 식초를 넣고 끓인다.
2) 달걀노른자가 중앙에 위치하고 뜨거운 물에서 터지지 않도록 하기 위하여, 미지근한 물에 달걀을 놓고 2분간 굴린 후에 조리용 숟가락에 담아서 미끄러지듯 끓는 물에 넣고 13분간 삶는다. 완전히 익으면 차가운 물에 담가 식힌다.
3) 껍질을 제거하고, 달걀노른자가 중앙에 오도록 두께 3mm 링 모양으로 4개가 되도록 잘라서 담는다.

4 식빵 굽기

1) 스토브의 약한 불 위에 팬을 올리고 둥글게 썬 식빵을 넣고 손으로 식빵을 돌리면서 양쪽 면이 연하게 갈색이 나도록 굽는다. 버터를 한 면만 발라 준비한다.

5 카나페 완성하기(5분)

1) 버터를 바른 면이 위로 가게 구운 식빵+달걀 링+새우 2쪽을 차례대로 올리고 이쑤시개를 이용하여 새우 가운데에 토마토케첩을 찍고, 파슬리 잎으로 장식을 한다. 4번 반복작업으로 카나페 4개를 완성한다.
2) 접시에 카나페를 담는다.

6 마무리

1) 작업한 스토브와 작업대, 싱크대는 깨끗하게 마무리 청소를 실시한다.

샐러드 부케를 곁들인 참치 타르타르와 채소 비네그레트

tuna tartar with salad and vegetable vinegar

30분

주어진 재료를 사용하여 다음과 같이 샐러드 부케를 곁들인 참치 타르타르와 채소 비네그레트를 만드시오.

가. 참치는 꽃소금을 사용하여 해동하고, 3~4mm 정도의 작은 주사위 모양으로 썰어 양파, 그린올리브, 케이퍼, 처빌 등을 이용하여 타르타르를 만드시오.

나. 채소를 이용하여 샐러드 부케를 만드시오.

다. 참치 타르타르는 테이블스푼 2개를 사용하여 퀜넬quenelle 형태로 3개를 만드시오.

라. 비네그레트는 양파, 붉은색과 노란색의 파프리카, 오이를 가로×세로 2mm 정도의 작은 주사위 모양으로 썰어서 사용하고, 파슬리와 딜은 다져서 사용하시오.

지참준비물 추가

테이블스푼 2개(퀜넬용, 머리 부분 가로 6cm, 세로(폭) 3.5~4cm 정도)

재료 및 분량(1인분)

붉은색 참치tuna살(냉동 지급)	80g
차이브chive(실파로 대체 가능)	5줄기
양파onion(중, 150g 정도)	1/8개
롤라로사lolla rossa(잎상추로 대체 가능)	2잎
그린올리브green olive	2개
그린치커리green chicory	2줄기
케이퍼caper	5개
붉은 파프리카red paprika(150g, 5~6cm 길이)	1/4개
올리브 오일olive oil	25mL
노란 파프리카yellow paprika(150g, 5~6cm 길이)	1/8개
레몬lemon(길이로 자르기)	1/4개
오이cucumber(가늘고 곧은 것, 20cm)	1/10개
핫소스hot sauce	5mL
파슬리parsley(잎, 줄기 포함)	1줄기
처빌chervil, fresh	2줄기
딜fresh dill, fresh	3줄기
소금(꽃소금)salt	5g
식초vinegar	10mL
흰후춧가루white pepper powder	3g

- 품질이 좋고 붉은 살코기인 냉동 참치는 색상 보호를 위해서 물+소금+두들긴 셀러리에 담근 후에 물기를 묻힌 행주에 감싸 냉장고에서 녹인다(참치회 등에 사용된다).
- 비네그레트(vinaigrette)는 오일을 사용하는 기본소스로 분류될 만큼 많이 사용되며, 그 비율은 오일(식용유, 올리브 오일, 엑스트라 버진 올리브유 등)과 식초를 3:1 비율로 혼합하며, 디종 겨자, 곱게 다져 소금에 절인 양파, 허브 등을 혼합하여 만들어 샐러드류, 해산물류 등에 사용된다.

만드는 법

1 재료 준비(7분)

1) 차이브, 롤라로사, 그린치커리, 파슬리는 흐르는 물에 깨끗하게 씻은 후에 물에 담근다.
2) 파프리카는 흐르는 물에 씻는다.
3) 오이는 흐르는 물에 씻은 후에 필러로 껍질을 제거한다.
4) 냉동 참치는 물 50mL+꽃소금 3g 혼합한 것에 30초간 담근 후에 건져서 물을 묻혀 짠 행주에 감싸 냉장고에 넣어 해동한다.
5) 차이브 한 개는 뜨거운 물에 데쳐서 냉수에 담근다.
6) 케이프, 그린올리브, 차이브 1개는 곱게 다진다.
7) 10g의 양파는 곱게 다진다.

2 비네그레트 만들기(5분)

1) 양파는 1mm로 썰어서 1g의 소금을 뿌려서 1분간 둔다.
2) 양파, 파프리카, 껍질 제거한 오이는 2mm 크기로 썬다.
3) 파슬리 0.5g, 딜 1줄기, 차이브 1줄기, 처빌 0.5줄기는 각각 곱게 다진다.
4) 믹싱볼에 올리브 오일, 1), 2), 3), 소금, 흰후춧가루, 식초, 핫소스를 넣고 잘 혼합하여 비네그레트를 완성하여 준비한다.

3 부케 만들기(5분)

1) 오이는 1cm 링으로 자르고 가운데를 파낸 후에 그린치커리, 롤라로사를 세운다. 파프리카는 길게 삼각형으로 잘라서 그린치커리와 롤라로사 사이이 세워 둔다.
2) 뜨거운 물에 데쳐 식혀 둔 차이브를 이용하여 부케를 묶어서 완성한다.

4 참치 타르타르 만들기(9분)

1) 재료 준비에서 10분 정도 해동한 참치는 3~4mm 크기의 정육면체로 자른다.
2) 곱게 다진 케이퍼, 그린올리브, 처빌, 양파에 올리브 오일 5mL, 레몬즙, 핫소스, 소금, 후춧가루를 잘 혼합한다.
3) 숟가락 두 개를 이용하여 교대로 숟가락에 있는 참치 혼합물을 떠서 퀜넬 1개를 만들어 접시에 담는다. 반복하여 2개를 더 만들어 접시에 담는다.

5 접시 완성하기(4분)

1) 퀜넬 3개가 담긴 접시 중앙 위쪽에 부케를 세우고, 부케 위와 퀜넬에 비네그레트를 숟가락으로 뿌리고 완성한다. 완제품을 제출한다.

6 마무리

1) 작업한 스토브와 작업대, 싱크대는 깨끗하게 마무리 청소를 실시한다.

채소로 속을 채운 훈제연어롤

smoked salmon roll

40분

주어진 재료를 사용하여 다음과 같이 훈제연어롤을 만드시오.

가. 주어진 훈제연어를 슬라이스하여 사용하시오.

나. 당근, 셀러리, 무, 홍피망, 청피망을 0.3cm 정도의 두께로 채 써시오.

다. 채소로 속을 채워 롤을 만드시오.

라. 롤을 만든 뒤 일정한 크기로 6등분하여 제출하시오.

마. 생크림, 겨자무(홀스래디시), 레몬즙을 이용하여 만든 홀스래디시 크림, 케이퍼, 레몬 웨지, 양파, 파슬리를 곁들이시오.

지참준비물 추가

연어나이프(일반 조리용칼 대체 가능)

재료 및 분량(1인분)

재료	분량
훈제연어smoked salmon(균일한 두께의 크기 지급)	150g
양상추iceberg lettuce	15g
당근carrot(길이 방향으로 자른 모양으로 지급)	40g
레몬lemon(길이로 등분)	1/4개
셀러리celery	15g
생크림fresh cream(조리용)	50mL
무turnip	15g
파슬리parsley(잎, 줄기 포함)	1줄기
홍피망red pimento(길이로 잘라서)(중, 75g 정도)	1/8개
소금(정제염)salt	5g
청피망green pimento(길이로 잘라서)(중, 75g 정도)	1/8개
흰후춧가루white pepper powder	5g
양파onion(중, 150g 정도)	1/8개
케이퍼caper	6개
홀스래디시horseradish	10g

- 훈제연어는 슬라이스할 때 비슷하게, 결대로 썬다. 쉽게 작업을 할 수 있다(단, 행거에 매달아 훈제한 연어는 습기가 적어 작업하기 쉬우나, 냉동상태의 훈제연어를 슬라이스할 때에는 결이 쉽게 터지므로 두께 조절에 주의해야 함).
- 양상추 잎에 훈제연어 + 홀스래디시 + 케이퍼 + 양파를 올리는 것을 훈제연어 콘디멘트(condiments)라고 한다. 버터를 발라서 얇게 구운 멜바토스트(melba toast)를 곁들이기도 한다.

만드는 법

1 재료 준비(5분)

1) 양상추와 파슬리는 흐르는 물에 깨끗이 씻어서 냉수에 10분간 담근다.
2) 당근, 셀러리, 무는 흐르는 물에 깨끗이 씻은 후에 필러로 껍질을 제거한다.
3) 홍피망과 청피망은 씨와 꼭지를 제거하고 흐르는 물에 깨끗이 씻는다.
4) 레몬은 웨지로 자른다(1/2 모양의 반달).

2 속채움 채소 썰기(7분)

1) 당근과 무는 길이로 3mm 두께로 슬라이스한 후에 길이로 3mm 두께로 썬다.
2) 셀러리는 길이로 반으로 슬라이스한 후에 길이로 3mm 두께로 썬다.
3) 홍피망과 청피망은 3mm 두께로 썬다.

3 홀스레디시 손질하기(6분)

1) 생크림을 믹싱볼에 넣고 거품기를 이용하여 휘핑크림을 만든다.
2) 홀스래디시는 소창으로 감싼 후에 소창을 볼 모양으로 만들어 흐르는 물에 헹군 후 홀스레디시 즙을 짜낸다. 휘핑한 생크림에 홀스래디시를 혼합하여 홀스래디시 크림을 완성한다.

4 연어 뜨기(6분)

1) 연어는 3mm 두께로 넓게 슬라이스할 수 있도록 칼을 60도로 눕혀서 슬라이스한 것을 접시에 펼쳐 놓는다(6쪽: 넓게 슬라이스하는 것이 롤을 만들기 쉬움).

5 연어롤 완성하여 접시 담기(11분)

1) 작업대 도마 위에 비닐 1장을 깔고 슬라이스한 훈제연어 2장을 붙여서 놓고 그 위에 홀스래디시, 양파, 케이퍼를 펼쳐 놓는다. 그 위에 채 썬 당근, 셀러리, 무, 홍피망, 청피망을 놓고 말아서 둥근 연어롤 1개를 만든다.
2) 1)을 2회 더 반복하여 3개의 연어롤을 완성하여 각각을 길이의 반으로 잘라 6개가 되도록 한다. 자른 훈제연어롤에서 비닐을 벗겨 낸다.
3) 6개의 훈제연어롤 위에 홀스래디시, 양파 링 슬라이스, 케이퍼를 올려서 완성한다.

6 접시 담기(5분)

1) 접시에 물기를 제거한 양상추 잎을 깔고, 그 위에 완성된 훈제연어롤을 올린다.
2) 레몬 웨지, 파슬리 잎으로 장식을 한다.

7 마무리

1) 작업한 스토브와 작업대, 싱크대는 깨끗하게 마무리 청소를 실시한다.

해산물 샐러드 seafood salad

30분

주어진 재료를 사용하여 다음과 같이 해산물 샐러드를 만드시오.

가. 미르포아mirepoix, 향신료, 레몬을 이용하여 쿠르부용court bouillon을 만드시오.

나. 해산물은 손질하여 쿠르부용court bouillon에 데쳐 사용하시오

다. 샐러드 채소는 깨끗이 손질하여 싱싱하게 하시오.

라. 레몬 비네그레트는 양파, 레몬즙, 올리브 오일 등을 사용하여 만드시오.

재료 및 분량(1인분)

재료	분량
새우shrimp(30~40g/마리당)	3마리
올리브 오일olive oil	20mL
관자살scallops(50~60g 정도, 해동 지급)	1개
레몬lemon(길이로 등분)	1/4개
피홍합mussels(길이 7cm 이상)	3개
식초vinegar	10mL
중합clams(지름 3cm 정도)	3개
딜fresh dill	2줄기
양파onion(중, 150g)	1/4개
월계수 잎bay leaf	1잎
마늘garlic	1쪽
셀러리celery	10g
실파green onion(20g)	1줄기
흰통후추white peppercorn(검은통후추대체 가능)	3개
그린치커리green chicory	2줄기
소금(정제염)salt	5g
양상추iceberg lettuce	10g
흰후춧가루white pepper powder	5g
롤라로사lolla rossa(잎상추로 대체 가능)	2잎
당근carrot(둥근 모양이 유지되도록 등분)	15g

- 육수(bouillon, stock) : 뼈를 이용하여 끓인 육수(생선 30분, 닭 2시간, 송아지뼈 6~8시간)
- 브로스(broth) : 뼈와 살코기를 같이 넣고 여러 시간 끓인 진한 육수
- 쿠르부용 : 채소 조각을 넣고 한 번 끓인 채소 육수. 단, 해산물에 사용할 쿠르부용은 통후추, 월계수 잎(혹은 파슬리 줄기), 레몬, 백리향 등을 넣고 끓여서 맛을 보완한다.

만드는 법

1 재료 준비(5분)

1) 딜, 실파, 그린치커리, 양상추, 롤라로사는 흐르는 물에 깨끗이 씻은 후에 10분간 물에 담가 둔다.
2) 양파는 껍질을 벗겨내고 흐르는 물에 씻어서 준비한다.
3) 셀러리와 당근은 흐르는 물에 씻은 후에 필러로 껍질을 벗겨서 준비한다.
4) 마늘은 뿌리쪽 검은 부분을 제거하고 깨끗하게 씻은 후에 곱게 다져 둔다.
5) 레몬은 웨지로 1개를 자른 후(1/2 자른 반달 모양) 나머지는 즙을 짠다. 즙을 짠 후 남은 레몬을 준비한다.

2 해산물 손질(3분)

1) 새우는 3번째 마디를 이쑤시개로 찔러서 내장을 제거한다.
2) 피홍합은 수염과 껍질에 붙은 조각을 깨끗이 제거하고 씻어 둔다.
3) 관자는 이물질(껍질 조각)을 제거하고 내장을 다듬는다.

3 비네그레트 만들기(5분)

1) 양파는 1mm로 썬 후 1g의 소금을 뿌려서 1분간 둔다.
2) 다진 마늘은 올리브 오일에 색상 나지 않게 볶아서 식혀 둔다.
3) 0.5g 파슬리, 1줄기 딜, 1/4줄기 실파는 각각 곱게 다진다.
4) 믹싱볼에 올리브 오일, 1), 2), 3), 레몬즙, 소금, 흰후춧가루를 넣고 잘 혼합하여 비네그레트를 완성하여 준비한다.

4 해산물 삶기(12분)

1) 냄비에 300mL의 물을 넣고, 손질한 양파+당근+셀러리, 즙을 짠 레몬 조각, 파슬리 줄기, 통후추를 넣고 쿠르부용을 만들어 끓인다.
2) 끓는 쿠르부용에 관자를 넣고 5분간 데친다. 건져서 비네그레트에 담근다.
3) 1)의 끓는 물에 손질한 새우를 넣고 약 2~3분간 삶는다. 꼬리는 남기고 머리 및 껍질을 제거한다. 길이로 2등분하여 비네그레트에 담근다.
4) 끓는 쿠르부용에 홍합과 중합을 넣고 끓인다. 홍합의 입이 열리면(약 2분) 꺼내어 수염과 껍질을 제거하고 비네그레트에 담근다. 중합의 입이 열리면(약 5~6분) 껍질을 제거하고 비네그레트에 담근다.

5 접시 담기(5분)

1) 그린치커리와 롤라로사는 한 입 크기로 찢어서 접시의 중앙에서 가장자리로 3등분하여 놓는다. 양상추도 한 입 크기로 찢어서 치커리와 롤라로사 중앙에 놓는다.
2) 비네그레트에 마리네이드한 해산물을 양상추 위에 올린다.
3) 레몬 웨지를 올린다. 딜로 장식을 한다.

6 마무리

1) 작업한 스토브와 작업대, 싱크대는 깨끗하게 마무리 청소를 실시한다.

시저 샐러드 caesar salad

35분

주어진 재료를 사용하여 다음과 같이 시저 샐러드를 만드시오.

가. 마요네즈(100g), 시저 드레싱(100g), 시저 샐러드(전량)를 만들어 3가지를 각각 별도의 그릇에 담아 제출하시오.

나. 마요네즈mayonnaise는 달걀노른자, 카놀라 오일, 레몬즙, 디종 머스터드, 화이트와인식초를 사용하여 만드시오.

다. 시저 드레싱caesar dressing은 마요네즈, 마늘, 앤초비, 검은후춧가루, 파미지아노 레기아노, 올리브 오일, 디종 머스터드, 레몬즙을 사용하여 만드시오.

라. 파미지아노 레기아노는 강판이나 채칼을 사용하시오.

마. 시저 샐러드는 로메인 상추, 곁들임[크루통(1cm×1cm), 구운 베이컨(폭 0.5cm), 파미지아노 레기아노], 시저 드레싱을 사용하여 만드시오.

재료 및 분량(1인분)

달걀egg(60g 정도)	2개
올리브 오일extra virgin olive oil	20mL
디종 머스터드dijon mutard	10g
카놀라 오일canola oil	300mL
레몬lemon	1개
식빵(슬라이스)	1개
로메인상추lettuce, lomain	50g
검은후춧가루	5g
마늘garlic	1쪽
파미지아노 레기아노(덩어리)	20g
베이컨bacon	15g
화이트와인식초white wine vinegar	20mL
앤초비anchovy	3개
소금salt	10g

- 마요네즈 재료는 같은 온도가 되도록 한다(기름은 실온에 보관, 달걀과 겨자는 냉장 보관). 마요네즈는 달걀노른자의 유화성을 이용하는 것으로 18리터 식용유에 60개의 달걀노른자를 사용한다.
- 시저 샐러드는 로마 황제 시저가 즐겼다고 하여 붙여진 이름이다.

만드는 법

1 재료 준비(5분)

1) 로메인상추는 뿌리쪽으로부터 4cm 길이로 자른다. 흐르는 물에 깨끗이 씻은 후에 10분간 물에 담가 둔다.
2) 앤초비와 마늘은 곱게 다진다.
3) 식빵은 딱딱한 껍질을 제거하고 다이스(주사위 크기 : 1.2cm 크기의 육면체)로 자른다.
4) 식초는 즙을 짜서 준비한다.
5) 파미지아노 레기아노 치즈는 고운 강판에 곱게 내린다.
6) 달걀은 실온 온도가 되도록 한다. 달걀노른자와 흰자를 분리한다.

2 베이컨 조각 만들기(10분)

1) 베이컨은 2mm 두께로 슬라이스한다.
2) 차가운 프라이팬에 베이컨을 넣고 약불에 올려서 계속 저어가면서 기름이 추출되도록 바싹하게 굽는다(약 4~5분).
3) 종이행주를 이용하여 기름을 제거한 후에 준비해 둔다.

3 크루통 만들기

1) 식빵 다이스+다진 마늘+올리브 오일을 골고루 묻혀서 파이 팬에 담아 오븐에 넣어 굽는다(약 3~4분/130℃). *오븐이 없을 경우에는 식빵 다이스+다진 마늘+버터를 골고루 묻혀서 중불의 프라이팬에서 6면체 각 부분이 갈색 나게 굽는다. 식혀서 준비해 둔다.

4 마요네즈 만들기(10분)

1) 믹싱볼에 달걀노른자 2개+디종 머스터드 10g+화이트식초 10g+레몬즙 10mL+소금을 넣고 거품기를 이용하여 달걀노른자가 연한 색상이 될 때까지(약 30초) 저어 준다.
2) 왼손으로 카놀라 오일을 한 숟가락 떠서 믹싱볼 가장자리에 한 방울씩 떨어뜨리면서 오른손으로 거품기를 한 방향으로 돌리면서 젓는다. 반복작업을 하면서 떨어뜨리는 오일량을 늘려 준다. 마요네즈가 너무 되직하면 레몬즙을 더 넣으면서 작업한다. 카놀라 오일 300mL을 다 넣을 때까지 계속하여 마요네즈를 완성한다.
3) 시저 드레싱(2분) : 200mL 마요네즈에 곱게 다져 둔 엔초비를 혼합하여 시저 드레싱을 만든다.
4) 시저 샐러드(5분)
   ① 로메인상추는 물기를 따라낸 후 깨끗한 행주로 물기를 완전히 제거한다.
   ② 100mL 시저 드레싱+베이컨 조각을 혼합한 후에 로메인상추와 무쳐서 접시에 담는다. 크루통을 올리고, 강판에 갈아 둔 파미지아노 레기아노 치즈가루를 뿌려서 완성한다.

5 완제품 제출(3분)

1) 소스볼에 마요네즈 100mL / 2) 소스볼에 시저드레싱 100mL / 3) 시저 샐러드 1접시

6 마무리

1) 작업한 스토브와 작업대, 싱크대는 깨끗하게 마무리 청소를 실시한다.

브라운 스톡 brown stock

30분

주어진 재료를 사용하여 다음과 같이 브라운 스톡을 만드시오.

가. 스톡은 맑고 갈색이 되도록 하시오.

나. 소 뼈는 찬물에 담가 핏물을 제거한 후 구워서 사용하시오.

다. 향신료로 사세 데피스sachet d'epice를 만들어 사용하시오.

라. 완성된 스톡의 양이 200mL 정도 되도록 하여 볼에 담아 내시오.

재료 및 분량(1인분)

소 뼈beef bone(2~3cm 정도, 자른 것)	150g
월계수 잎bay leaf	1leaf
물water	3L
정향clove	1ea
양파onion(중, 150g 정도)	1/2개
버터(무염)butter	5g
당근carrot(둥근 모양이 유지되도록 자르기)	40g
식용유salad oil	50mL
셀러리celery	30g
면실	30cm
검은통후추black peppercorn	4ea
타임thyme(dry, 1줄기)	1g
토마토tomato(중, 150g 정도)	1ea
다시백(10×12cm)	1개
파슬리parsley(잎, 줄기 포함)	1stem

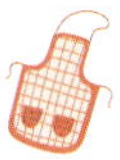

- 뼈를 볶을 때 기름을 넣으면 온도가 높아 탄 부분도 고소한 맛이 난다. 소스 완성을 위해서 높은 온도에서 뼈를 복는 것이 중요하다(온도가 너무 높아서 탈 때에서 차가운 물을 조금씩 넣으면 온도가 떨어져 작업과정을 단축할 수 있음).
- 토마토 소스가 갈색이 되기 위해서는 충분히 볶아져야 하며, 신맛이 나는 것을 방지한다.
- 사세 데피스(sachet d'epice)는 향료를 실로 묶은 것이다.
- 소스를 맑게 만들기 위해서 끓이는 온도(simmering: 93℃)와 수시로 불순물을 제거하는 것이 중요하다(불순물을 제거하지 않으면 소스 농도가 회색이 됨. 불순물 제거는 조리용 스푼을 냉수에 담근 후 작업함).

만드는 법

1 재료 준비(5분)

1) 소 뼈는 찬물에 담근다.
2) 양파는 껍질을 제거한 후에 0.4cm×0.4cm로 자른다.
3) 셀러리는 잎을 제거하고 0.4cm×0.4cm로 자른다.
4) 당근은 0.4cm 두께의 둥근 모양이 되도록 자른다.
5) 토마토는 0.4cm×0.4cm로 자른다.
6) 월계수 잎, 타임, 파슬리 줄기, 정향을 면실로 묶어서 사세 데피스를 만든다.

2 뼈와 채소 볶기(10분)

1) 중불에 팬을 올려 식용유를 두르고 뼈를 갈색으로 볶는다. 여분의 기름을 따라낸다.
2) 버터를 넣고 녹으면 양파를 넣고 1분간 더 볶는다.
3) 당근과 셀러리를 넣고 1분간 더 볶는다.
4) 토마토를 넣고 5분간 더 볶는다.

3 소스 끓이기(15분)

1) 자루냄비에 **2**의 볶은 재료+물 300mL을 넣고 끓인다. 불순물이 떠오르면 물을 묻힌 조리용 스푼으로 걷어낸다. 사세 데피스(향료 묶음)을 넣고 계속 끓인다. 불순물이 떠오르면 수시로 제거한다. 물이 졸아들면 더 채운다(완제품 : 200mL).
2) 소창으로 소스를 거른다.
3) 볼에 200mL를 담아서 제출한다.

4 마무리

1) 작업한 스토브와 작업대, 싱크대는 깨끗하게 마무리 청소를 실시한다.

비프 콘소메 beef consomme

40분

주어진 재료를 사용하여 다음과 같이 비프 콘소메를 만드시오.

가. 어니언 브루리onion brulee를 만들어 사용하시오.

나. 양파를 포함한 채소는 채 썰어 향신료, 소고기, 달걀흰자 머랭과 함께 섞어 사용하시오.

다. 수프는 맑고 갈색이 되도록 하여 200mL 정도 제출하시오.

재료 및 분량(1인분)

쇠고기beef ground(살코기 갈은 것)	70g
검은통후추black peppercorn	1ea
양파onion(중, 150g 정도)	1ea
파슬리parsley(잎, 줄기 포함)	1stem
당근carrot(둥근 모양이 유지되게 자르기)	40g
월계수 잎bay leaf	1leaf
셀러리celery	30g
토마토tomato(중, 150g 정도)	1/4ea
달걀egg	1ea
비프 스톡beef stock(육수, 물로 대체 가능)	500mL
소금(정제염)salt	2g
정향clove	1g
검은후춧가루black pepper powder	2g

- 어니언 브루리 : 양파를 볶는 타는 것을 방지하기 위하여 물을 3회 나누어 넣고 볶는 것
- 콘소메는 달걀흰자를 이용하여 육수를 정제한 맑은 갈색 수프이다.
- 콘소메를 맑게 만들기 위해서는 끓이는 과정과 거르는 과정에 크라스트가 깨어지지 않아야 한다.
- 콘소메는 생선을 이용한 피시 콘소메, 가금류를 이용한 콘소메, 송아지 육수를 이용한 비프 콘소메, 갑각류 등 사용 재료에 따라 명칭이 부여된다.

만드는 법

1 재료 준비(5분)

1) 양파는 1mm로 슬라이스한다.
2) 셀러리는 깨끗하게 씻은 후에 두께 1mm로 채를 썬다.
3) 당근은 깨끗하게 씻은 후에 두께 1mm로 둥글게 썬다.
4) 파슬리는 깨끗하게 씻는다.
5) 달걀은 흰자와 노른자로 분리한다. 달걀흰자는 거품을 낸다.
6) 토마토는 깨끗이 씻는다.
7) 통후추는 칼로 으깬다.

2 어니언 브루리 만들기(5분, 올리기 중복시간)

1) 75g 양파는 팬에 갈색 나게 볶는다.
2) 물 10mL를 넣고 양파를 갈색 나게 볶는다. 2회 더 반복한다.

3 고기와 채소 혼합(3분)

1) 믹싱볼에 쇠고기 갈은 것+양파+당근+파슬리 줄기+월계수 잎+으깬 검은통후추+정향+거품 낸 달걀흰자를 골고루 섞이도록 잘 혼합을 한다.

4 콘소메 올리기(25분)

1) 고기와 채소 혼합한 것을 냄비에 넣고 물 250mL를 넣고 덩어리가 풀어지도록 잘 저어 준다.
2) 냄비를 스토브 위에 올리고 강한 불에서 나무주걱으로 냄비 바닥을 계속 젓는다. 냄비 표면에 거품이 오르고 수증기가 심하게 나면 멈춘다.
3) 불을 아주 낮게 낮추고 3분 정도의 시간을 둔다.
4) 냄비 바닥만 한 번 다시 젓고 중불로 올려서 거품이 표면에 나타나면 계속 콘소메 크러스트가 덮여 있어야 한다. 자연적인 끓는 구멍이 생기면 토마토를 넣고 은근히 끓인다.
5) 불을 끄고 콘소메 크러스트가 바닥에 가라앉고 맑은 콘소메가 떠오르면 소창으로 거른다.

5 완성하기(2분)

1) 200mL의 콘소메를 볼에 담아 제출한다.

6 마무리

1) 작업한 스토브와 작업대, 싱크대는 깨끗하게 마무리 청소를 실시한다.

피시 차우더 수프 fish chowder soup

30분

주어진 재료를 사용하여 다음과 같이 피시 차우더 수프를 만드시오.

가. 차우더 수프는 화이트 루roux를 이용하여 농도를 맞추시오.

나. 채소는 0.7cm×0.7cm×0.1cm, 생선은 1cm×1cm×1cm 정도 크기로 써시오.

다. 대구 살을 이용하여 생선 스톡을 만들어 사용하시오.

라. 수프는 200mL 정도로 제출하시오.

재료 및 분량(1인분)

대구cod(살코기, 해동 지급)	50g
밀가루flour(중력분)	15g
감자potato(150g 정도)	1/5ea
우유milk	200mL
베이컨bacon(길이 25~30cm)	1/2조각
소금salt(정제염)	2g
양파onion(중, 150g 정도)	1/6ea
흰후춧가루white pepper powder	2g
셀러리celery	30g
정향clove	1ea
버터(무염)butter	20g
월계수 잎bay leaf	1leaf

- 차우더 수프는 영국에서 조개를 사용해서 끓여 먹는 수프로 미국 서부지역에서 빵 속에 담아서 제공하는 크램 차우더 수프가 유명하다.
- 수프의 고형물 비율은 3:1이 되도록 하는 것이 좋다.
- 피시 차우더 수프는 생선을 이용하여 육수를 만들어 사용할 경우, 생선이 사전에 조리되었으므로 수프가 완성된 상태에서 넣고 한 번 가열하여 따뜻하게 하여 제공한다.
- 밀가루와 버터를 볶아 만든 루는 최소한 30분은 끓여야 완성되는데 볶는 시간이 길어지면 끓이는 시간을 단축할 수 있다.
- 차우더 수프를 맛있게 먹기 위해서 크래커를 부셔 넣으면 고소한 맛이 더 생긴다.
- 베이컨은 블랜칭(blanch, 데치기) 혹은 소테(saute, 볶기)로 기름을 빼서 사용한다.

만드는 법

1 재료 준비(5분)

1) 양파와 셀러리는 깨끗이 씻은 후에 0.7cm×0.7cm×0.1cm으로 썬다.

2) 대구 살은 1cm×1cm×1cm로 썬다.

3) 감자는 0.7cm×0.7cm×0.1cm로 썰어서 찬물에 담근다.

4) 베이컨은 0.7cm×0.7cm로 썬다.

5) 양파 조각에 정향을 끼워 둔다.

2 대구 스톡 만들기(5분)

1) 썰어 둔 대구 50g+물 100mL를 냄비에 넣고 중불에 올려서 끓으면 소창으로 거른다. 대구 살은 분리해서 담아 둔다.

3 화이트 루 만들기(3분)

1) 약한 불의 스토브 위에 냄비를 올리고 버터 15g을 넣고 녹으면 체 친 밀가루 15g을 넣고 혼합한다. 표면이 부풀어오르면 화이트 루를 완성한다(즉시 다른 용기에 옮겨야 함).

4 차우더 수프 끓이기(17분)

1) 차가운 팬에 베이컨을 넣고 약한 불에서 볶는다. 베이컨이 투명해지면 버터 5g, 양파, 셀러리를 넣고 색상 나지 않게 볶는다.

2) 대구 스톡, 우유 100mL, 월계수 잎, 정향을 끼운 양파를 넣고 은근히 3분간 끓인다.

3) 화이트 루와 우유 100mL를 넣고 거품기로 잘 저어 준다. 썰어 둔 감자를 넣고 4분간 끓인다. 소금과 후추로 양념을 한다.

4) 데쳐 둔 대구 살을 넣고 한 번 끓으면 수프 농도를 확인한다.

5) 접시에 200mL를 담아서 제공한다.

5 마무리

1) 작업한 스토브와 작업대, 싱크대는 깨끗하게 마무리 청소를 실시한다.

프렌치 어니언 수프 French onion soup

30 분

주어진 재료를 사용하여 다음과 같이 프렌치 어니언 수프를 만드시오.

가. 양파는 5cm 크기의 길이로 일정하게 써시오.

나. 바게트빵에 마늘버터를 발라 구워서 따로 담아 내시오.

다. 수프의 양은 200mL 정도 제출하시오.

재료 및 분량(1인분)

양파onion(중, 150g 정도)	1ea
검은후춧가루	1g
맑은 스톡consomme(비프 스톡 또는 콘소메, 물로 대체 가능)	270mL
파마산치즈parmesan cheese	10g
바게트빵French bread	1slice
화이트와인white wine	15mL
버터(무염)butter	20g
마늘garlic	1ea
소금(정제염)salt	2g
파슬리(잎, 줄기 포함)parsley	1spring

- 양파는 일정한 두께로 자르는 것이 중요하다. 볶고 끓이면 처음 자른 모양대로 양파가 나온다.
- 양파를 볶을 때 태우면 작은 조각들이 검게 되어서 먹을 수가 없으므로 불 조절에 세심한 주의를 기울여야 한다. 차가운 물을 넣는 것은 양파를 볶을 때 팬의 온도를 조절하는 유용한 방법 중 하나다.
- 알라 미닛(a la minute) : 양파 수프에 제공되는 바케트 크루통은 마늘, 버터, 파슬리를 혼합하여 바게트빵에 발라 구운 후에 갈은 치즈를 올려서 완성한다. 현장에서 사전에 만들어 두지 않고 수프가 제공될 때 만드는 것을 알라 미닛이라 한다.

만드는 법

1 재료 준비(5분)

1) 양파는 껍질을 벗겨 길이로 2등분하고, 4cm 길이로 자른 후에 결따라 1mm 두께로 썬다.

2) 파마산치즈는 고운 강판에서 가루로 만든다.

3) 마늘은 꼭지를 제거하고 곱게 다진다.

4) 파슬리는 깨끗하게 씻은 후에 잎만 따서 아주 곱게 다져 소창에 감싸서 흐르는 물에 헹군 후 비틀어 물기를 제거하고 펼쳐서 말린다.

5) 바게트는 3mm 두께의 링 모양으로 준비한다.

2 마늘 바게트빵 만들기(3분)

1) 곱게 다진 마늘 1g, 버터 10g, 곱게 다진 파슬리 0.1g을 혼합하여 3mm 링으로 썰어둔 바게트빵에 발라서 2~3분 정도 오븐(섭씨 150도)에서 굽는다. 혹은 살라멘더에서 뒤집어가면서 갈색으로 굽는다. 오븐이나 살라멘더가 없으면 낮은 온도의 팬에서 굽는다.

2) 구운 빵에 곱게 갈은 파마산치즈를 올리고, 오븐(살라멘더, 팬)에서 치즈가 녹을 때까지 굽는다.

3 양파 볶기(12분)

1) 팬에 버터를 넣고 녹으면 양파 슬라이스한 것 50g을 넣고 볶는다. 양파가 줄어들면 슬라이스한 양파 50g을 더 놓고 볶는다. 또 양파가 줄어들면 슬라이스한 양파 50g을 더 넣고 볶는다.

2) 볶는 양파가 줄어들어 팬에 공간이 생기면 더 작은 팬으로 옮겨 볶는다. 계속해서 볶는데 색이 많이 나면 10mL의 물을 넣어 팬의 온도를 떨어뜨린다. 소량의 물 넣는 과정을 양파가 갈색이 날 때까지 3회 더 반복한다. 남은 곱게 다진 마늘과 화이트와인을 넣고 더 볶는다.

4 양파 수프 끓이기(10분)

1) **3**의 볶은 양파를 냄비에 넣고 주어진 물(육수, 콘소메)을 부어 5분간 끓인 후에 소금과 후추로 양념을 한다.

2) 수프볼에 담는다. 바게트 치즈 크루통을 따로 담아서 제출한다.

5 마무리

1) 작업한 스토브와 작업대, 싱크대는 깨끗하게 마무리 청소를 실시한다.

포테이토 크림 수프 cream of potato soup

30분

주어진 재료를 사용하여 다음과 같이 포테이토 크림 수프를 만드시오.

가. 크루통crouton의 크기는 사방 0.8~1cm 정도로 만들어 버터에 볶아 수프에 띄우시오.

나. 익힌 감자는 체에 내려 사용하시오.

다. 수프의 색과 농도에 유의하고 200mL 정도 제출하시오.

재료 및 분량(1인분)

감자potato(200g 정도)	1ea
생크림fresh cream(조리용)	20mL
대파leek(흰 부분, 10cm)	1ea
식빵toast bread(샌드위치용)	1slice
양파onion(중, 150g 정도)	1/4ea
소금salt(정제염)	2g
버터butter(무염)	15g
흰후춧가루white pepper powder	1g
치킨스톡chicken stock(물로 대체 가능)	270mL
월계수 잎bay leaf	1leaf

- 포테이토 크림 수프는 색상이 희게 제출되어야 한다.
- 스웨팅(sweating)은 색이 나지 않도록 볶는 방법이다.
- 포테이토 크림 수프는 자체 전분을 활용하여 농도가 완성되므로 추가로 루를 넣을 필요가 없다. 감자는 충분히 완전하게 익혀서 고운 체에 내리면 수프의 농도가 된다.

만드는 법

1 재료 준비(5분)

1) 대파는 뿌리, 껍질, 푸른잎을 제거한 후에 깨끗이 씻어서 물기를 제거하고 1mm 두께로 슬라이스한다.
2) 감자는 껍질을 벗겨 감자 눈을 제거하고 1mm 두께로 썰어서 찬물에 담근다.
3) 양파는 깨끗이 손질하고 씻은 후에 1mm 두께로 썬다.

2 수프 크루통 만들기(5분)

1) 식빵의 딱딱한 껍질 부분은 제거하여 1.0cm×1.0cm로 자르고 5g 버터와 혼합한다.
2) 낮은 온도의 팬에서 갈색 나게 굽는다.

3 포테이토 크림 수프 끓이기(18분)

1) 온도가 낮은 팬에 버터 10g을 넣고 녹으면, 양파, 대파를 넣고 색깔이 나지 않게 볶는다.
2) 스톡 혹은 물 200mL를 넣고 3분간 은근히 끓인다. 감자를 넣고 7분간 끓인다.
3) 고운 체에 나무주걱으로 눌러서 내린다.
4) 체에 내린 포테이토 크림 수프를 냄비에 담고 생크림을 넣어 농도를 조절한 후 끓으면 소금과 후춧가루로 간을 한다.

4 접시 담기(2분)

1) 완성된 포테이토 크림 수프 200mL를 볼에 담는다. 크루통을 5~6개 담아서 바로 제출한다.

5 마무리

1) 작업한 스토브와 작업대, 싱크대는 깨끗하게 마무리 청소를 실시한다.

미네스트로니 수프 minestrone soup

30분

주어진 재료를 사용하여 다음과 같이 미네스트로니 수프를 만드시오.

가. 채소는 사방 1.2cm, 두께 0.2cm 정도로 써시오.

나. 스트링빈스, 스파게티는 1.2cm 정도의 길이로 써시오.

다. 국물과 고형물의 비율을 3:1로 하시오.

라. 전체 수프의 양은 200mL 정도로 하고 파슬리가루를 뿌려 내시오.

재료 및 분량(1인분)	
양파onion(중, 150g 정도)	1/4ea
토마토 페이스트tomato paste	15g
셀러리celery	30g
파슬리parsley(잎, 줄기 포함)	1spring
당근carrot(둥근 모양이 유지되도록 자르기)	40g
베이컨bacon(길이 25~30cm)	1/2조각
무turnip	10g
마늘garlic	1ea
양배추white cabbage	40g
소금(정제염)salt	2g
버터(무염)butter	5g
검은후춧가루black pepper powder	2g
스트링빈스(냉동)string beans	2줄기
치킨 스톡(물로 대체 가능)chicken stock	200mL
완두콩green peas	5알
월계수 잎bay leaf	1leaf
토마토tomato(중, 150g 정도)	1/8ea
정향clove	1ea
스파게티spaghetti	2가닥

만드는 법

1 재료 준비(12분)

1) 베이컨은 1.2cm로 자른다.
2) 양파는 손질하여 깨끗이 씻은 후에 1.2cm×1.2cm로 자른다.
3) 셀러리와 당근은 껍질을 제거하고 깨끗이 씻은 후에 1.2cm×1.2cm×0.2cm로 썬다.
4) 마늘은 곱게 다진다.
5) 양배추는 1.2cm×1.2cm로 자른다.
6) 무는 껍질을 제거하고 깨끗이 씻은 후에 1.2cm×1.2cm×0.2cm로 자른다.
7) 스트링빈스는 1.2cm로 자른다.
8) 토마토는 뜨거운 물에 데쳐서 껍질을 벗기고, 1.2cm×1.2cm×0.2cm로 자른다.
9) 스파게티는 뜨거운 물+소금에서 8분간 삶은 후에 1.2cm로 잘라 둔다.
10) 정향은 양파 조각에 끼워 둔다.
11) 파슬리는 잎을 따서 씻은 후에 곱게 다져서 소창에 감싸 흐르는 물에 헹군 후 물기를 짜내고 접시에 펼쳐서 말린다.

2 미네스트로니 수프 볶기(5분)

1) 차가운 팬에 베이컨을 넣고 중불에 올려서 10초간 볶는다. 베이컨이 투명해지면 양파를 넣고 10초간 볶은 후에 셀러리와 당근을 넣고 20초간 더 볶는다. 다진 마늘과 양배추를 넣고 10초간 더 볶는다.
2) 토마토 페이스트를 넣고 3분 동안 볶는다.
3) 토마토와 스트링빈스를 넣고 30초간 볶는다.

3 미네스트로니 수프 끓이기(13분)

1) **2**의 볶은 것을 냄비에 옮기고, 치킨 육수 혹은 물과 정향, 월계수 잎을 넣고 5분간 끓인다. 소금, 후춧가루로 양념을 한다.
2) 삶아 둔 스파게티를 넣고 한 번 더 끓으면 수프볼에 담는다.
3) 곱게 다진 파슬리를 뿌려서 제출한다.

4 마무리

1) 작업한 스토브와 작업대, 싱크대는 깨끗하게 마무리 청소를 실시한다.

- 미네스트로니 수프는 이탈리아 밀라노식 수프로 고형물 비율이 3 : 1이고, 색상이 붉은 것이 특징이다.
- 채소는 조리시간을 감안하여 먼저 넣어 볶기 시작하는 것과 나중에 볶는 것에 유의해야 하며, 특히 조리된 채소를 넣을 때에는 수프가 완성될 때에 넣고 한 번 더 끓여서 뜨거운 상태가 되도록 한다.
- 맑은 수프를 만들기 위해서는 조리과정에 떠오르는 기름과 거품을 잘 제거해야 갈색의 수프를 완성할 수 있다.
- 파슬리를 마지막에 뿌려서 완성하기 : 물에 씻어서 줄기를 제거하고 잎만 도마에 다지면 시간을 절약할 수 있다. 다진 파슬리는 소창에 감싸서 물에 헹구면 향과 색이 연하게 된다. 신선한 상태를 오래 유지하기 위해서는 물기를 제거한 후에 펼쳐서 습기를 증발시킨 다음에 랩으로 감싸서 냉장보관하면 오랫동안 사용할 수 있다.

브라운 그레비 소스 brown gravy sauce

30분

주어진 재료를 사용하여 다음과 같이 브라운 그래비 소스를 만드시오.

가. 브라운 루brown roux를 만들어 사용하시오.

나. 소스의 양은 200mL 정도를 만드시오.

재료 및 분량(1인분)

밀가루(중력분)flour	30g
셀러리celery	30g
브라운 스톡brown stock(물로 대체)	300mL
당근carrot(둥근 모양 유지되도록 자르기)	40g
소금(정제염)salt	1g
토마토 페이스트tomato paste	30g
검은후춧가루black pepper powder	1g
월계수 잎bay leaf	1leaf
버터(무염)butter	30g
정향clove	1ea
양파onion(중, 150g 정도)	1/6ea

- 스키밍(skimming) : 소스, 수프, 육수 등을 끓이는 과정에서 발생하는 불순물을 수시로 제거하여 맑게 하는 작업이다.
- 루는 버터와 밀가루를 1 : 1로 볶은 것으로, 브라운 루를 만들 때는 높은 온도에서 볶는 시간이 긴 관계로 버터의 양을 줄여야 한다. 그리고 버터의 양이 많으면 밀가루가 삭아서 소스가 묽어지는 원인이 된다.
- 그레비(gravy)는 조리과정에 추출되는 즙에 함유하고 있는 젤리 성분을 활용하는 데, 루를 이용한 농도를 조절하여 만드는 것들의 총칭이다(예: 쇠고기, 닭고기, 양고기를 굽거나 조리한 후에 나오는 육즙, 생선을 굽고 난 후에 나오는 육즙 등에 농밀제로 농도를 조절한 것. 와인을 활용하여 맛을 내기도 함).

만드는 법

1 재료 준비(5분)

1) 당근, 셀러리는 0.4cm×0.4cm×3cm로 자른다.

2) 양파는 0.3cm 두께로 자른다.

2 브라운 루 만들기(5분)

1) 팬을 중불에 가열한 후에 버터 10g을 넣고 녹으면, 체에 내린 밀가루 15g을 넣고 나무주걱으로 저으면서 갈색으로 볶는다(불은 강해야 함). 다른 용기에 옮겨 둔다.

3 브라운 소스 만들기(20분)

1) 팬에 버터 10g을 넣고 녹으면 양파를 볶고, 당근과 셀러리를 나무주걱으로 저어주면서 갈색으로 볶는다(약 3~4분).

2) 토마토 페이스트를 넣고 3~4분간 갈색으로 볶는다.

3) 2)를 냄비에 옮기고 물 300mL, 정향, 월계수 잎을 넣고 끓인다. 기름이 떠오르면 조리용 스푼으로 제거한다(skimming).

4) 브라운 루를 넣고 거품기로 휘저어서 농도가 나오고 루가 완전히 풀리게 한다. 은근하게 끓이면서 5분간 더 끓인다.

5) 고운 체로 거른다.

6) 볼에 200mL를 담아서 제출한다.

4 마무리

1) 작업한 스토브와 작업대, 싱크대는 깨끗하게 마무리 청소를 실시한다.

홀랜다이즈 소스 hollandaise sauce

25 분

주어진 재료를 사용하여 다음과 같이 홀렌다이즈 소스를 만드시오.

가. 양파, 식초를 이용하여 허브 에센스herb essence를 만들어 사용하시오.

나. 정제버터를 만들어 사용하시오.

다. 소스는 중탕으로 만들어 굳지 않게 그릇에 담아 내시오.

라. 소스는 100mL 정도 제출하시오.

재료 및 분량(1인분)

달걀egg	2ea
레몬lemon(길이로 등분)	1/4ea
양파onion(중, 150g 정도)	1/8ea
월계수 잎bay leaf	1잎
식초vinegar	20mL
파슬리parsley(잎, 줄기 포함)	1줄기
검은통후추black peppercorn	3ea
소금(정제염)salt	2g
버터(무염)butter	200ea
흰후춧가루white pepper powder	1g

- 홀랜다이즈 소스는 달걀의 유화성을 활용한 소스로 마요네즈 만드는 방법과 같은 원리이나, 차이점은 허브 에센스를 활용하여 정제버터를 사용한다는 것이다. 또한 보관과정에서 버터가 굳지 않도록 35℃ 정도에서 4시간 보관하고, 시간이 경과되면 식중독 우려 때문에 폐기한다.
- 홀랜다이즈 소스는 이중탕하여 버터를 녹일 때 바닥에 흰 고형물은 사용하지 말고 노란 버터 성분만 이용하여 소스를 만든다. 소스가 완성된 후에 분리되는 것을 방지하기 위하여 뜨거운 물 몇 방울을 떨어뜨리면 쉽게 분리되지 않는다(여분의 기름 희석).

만드는 법

1 재료 준비(5분)

1) 양파는 깨끗하게 세척한 후에 곱게 다진다.
2) 파슬리 줄기는 세척한다.
3) 검은통후추는 칼을 이용하여 으깬다.
4) 레몬은 즙을 짜내고, 껍질은 분리한다.
5) 달걀은 노른자와 흰자로 분리한다.
6) 버터는 이중탕double boil하여 녹으면 스푼으로 정제된 노란 버터만 다른 용기에 떠 담는다(거품과 고형물이 포함되지 않게 함).
7) 믹싱볼 바닥이 잠길 수 있는 크기의 자루냄비에 물을 넣고 불 위에 올려 둔다.

2 허브 에센스 만들기(2분)

1) 냄비에 양파, 파슬리 줄기, 으깬 통후추, 월계수 잎, 식초, 물 50mL를 넣고 2분간 은근히 끓인다.
2) 체에 걸러서 20mL 허브 에센스를 만든다.

3 홀랜다이즈 소스 만들기(18분)

1) 자루냄비에 믹싱볼 바닥이 잠길 수 있도록 끓은 물을 채워 준비한다.
2) 자루냄비에 맞는 믹싱볼에 달걀노른자 2개, 허브 에센스 20mL를 넣고 뜨거운 물 위에 올려서 거품기로 달걀을 저어 주며 익힌다(뒤집어 떨어지지 않을 때까지 익힘).
3) 익힌 달걀을 행주를 깐 작업대 위에 믹싱볼째 올려 놓고 오른손으로 거품기를 둥글게 돌리면서, 왼손으로 정제버터를 숟가락으로 떠서 믹싱볼 가장자리에 한 방울씩 떨어지게 하면서 거품기를 계속 저어 준다. 반복하여 작업한다. 소스 농도가 되면 레몬즙으로 희석하고 계속 작업을 한다. 소스 농도가 나오면 정제버터 양을 늘린다.
4) 소금과 후추, 뜨거운 물 10mL를 홀랜다이즈 소스에 넣고 저어 준다.
5) 소스볼에 100mL를 담는다.
6) 40℃ 정도의 물을 접시에 담고 그 위에 홀랜다이즈 소스를 담아서 제출한다.

4 마무리

1) 작업한 스토브와 작업대, 싱크대는 깨끗하게 마무리 청소를 실시한다.

이탈리안 미트 소스 Italian meat sauce

20분

주어진 재료를 사용하여 다음과 같이 이탈리안 미트 소스를 만드시오.

가. 모든 재료는 다져서 사용하시오.

나. 그릇에 담고 파슬리 다진 것을 뿌려 내시오.

다. 소스는 150mL 정도 제출하시오.

재료 및 분량(1인분)

양파onion(중, 150g 정도)	1/2ea
월계수 잎bay leaf	1leaf
소고기top round of beef, ground(살코기, 갈은 것)	60g
파슬리parsley(잎, 줄기 포함)	1줄기
마늘garlic	1쪽
소금salt(정제염)	2g
캔 토마토tomato, can	30g
검은후춧가루black pepper powder	2g
버터(무염)butter	10g
셀러리celery	30g
토마토 페이스트tomato paste	30g

- 월계수 잎 사용 : 물 10리터에 4시간 끓이면 월계수 잎 1장을 사용한다. 조리시간을 예상하여 중간에 월계수 잎을 제거하는 것이 좋다. 월계수 향이 너무 진하면 음식에서 한약 맛이 나는 원인이 된다.
- 이탈리안 미트 소스에서 연한 향의 바질(basil)은 사용량이 과해도 되지만, 향이 강한 오레가노(oregano)는 소량 사용하거나 부족하면 더 첨가하는 것이 좋다.

만드는 법

1 재료 준비(3분)

1) 양파는 깨끗하게 손질한 후에 1mm로 다진다.
2) 셀러리는 깨끗하게 손질한 후에 1mm로 다진다.
3) 마늘은 꼭지를 제거하고 1mm로 다진다.
4) 캔 토마토는 곱게 으깬다.
5) 파슬리는 잎을 따서 씻은 후에 곱게 다져서 소창에 감싸 흐르는 물에 헹군 후 물기를 짜내고 접시에 펼쳐서 말린다.

2 고기 및 채소 볶기(7분)

1) 팬에 버터를 넣고 녹으면 나무주걱으로 소고기 갈은 것을 갈색으로 볶는다.
2) 양파를 넣고 1분, 셀러리와 마늘을 넣고 주걱으로 저으면서 2분간 더 볶는다.
3) 토마토 페이스트를 넣고 저으면서 3분간 더 볶는다.

3 이탈리안 미트 소스 만들기(10분)

1) **2**에 캔 토마토, 월계수, 물 50mL를 넣고 은근히 끓인다. 나무주걱으로 한 번씩 저어 준다. 물이 줄어들면 4회 더 넣으면서 끓인다. 소금과 후춧가루로 양념을 한다.
2) 소고기가 부드럽게 익고 색상이 갈색이면 볼에 담는다.
3) 다진 파슬리를 위에 뿌려서 제출한다.

4 마무리

1) 작업한 스토브와 작업대, 싱크대는 깨끗하게 마무리 청소를 실시한다.

타르타르 소스 tartare sauce

20분

주어진 재료를 사용하여 다음과 같이 타르타르 소스를 만드시오.

가. 다지는 재료는 0.2cm 정도의 크기로 하고, 파슬리는 줄기를 제거하여 사용하시오.

나. 소스는 농도를 잘 맞추어 100mL 정도 제출하시오.

재료 및 분량(1인분)

마요네즈mayonnaise	70g
소금(정제염)salt	2g
오이피클pickle cucumber(개당 25~30g짜리)	1/2ea
흰후춧가루white pepper powder	2g
양파onion(중, 150g 정도)	1/10ea
레몬lemon(길이로 등분)	1/4ea
파슬리parsley(잎, 줄기 포함)	1줄기
식초vinegar	2mL
달걀egg	1ea

- 소스의 농도 조절 : 레몬즙, 식초, 피클주스
- 타르타르 소스 : 튀김에 많이 사용한다.
- 제공 소스량 100mL 준수

만드는 법

1 달걀 삶기(15분)

1) 자루냄비에 달걀이 담기고 2cm 더 높이의 물을 끓인다.

2) 달걀을 넣고 13분간 삶는다.

3) 냉수에 담가 식힌다.

4) 흰자와 노른자를 분리한 후 흰자는 0.2cm 크기로 썰고, 노른자는 체에 내린다.

2 재료 준비

1) 양파는 깨끗하게 손질한 후 0.2cm 크기로 자른다.

2) 오이피클은 0.2cm 크기로 자른다.

3) 레몬은 즙을 짠다.

4) 파슬리는 잎을 따서 씻은 후에 곱게 다져서 소창에 감싸 흐르는 물에 헹군 후 물기를 짜내고 접시에 펼쳐서 말린다.

3 타르타르 소스 만들기(5분)

1) 믹싱볼에 양파, 피클, 삶은 달걀, 마요네즈, 레몬즙을 넣고 잘 혼합한다.

2) 식초, 소금, 후추로 양념을 하고, 농도가 되직하면 피클주스로 희석하여 농도를 조절한다.

3) 볼에 타르타르 소스 100mL를 담고, 파슬리가루를 뿌려서 제출한다.

4 마무리

1) 작업한 스토브와 작업대, 싱크대는 깨끗하게 마무리 청소를 실시한다.

사우전드 아일랜드 드레싱
thousand island dressing

20분

주어진 재료를 사용하여 다음과 같이 사우전드 아일랜드 드레싱을 만드시오.

가. 드레싱은 핑크빛이 되도록 하시오.

나. 다지는 재료는 0.2cm 정도의 크기로 하시오.

다. 드레싱은 농도를 잘 맞추어 100mL 정도 제출하시오.

재료 및 분량(1인분)

마요네즈mayonnaise	70g
흰후춧가루white pepper powder	1g
오이피클pickle cucumber(개당 25~30g짜리)	1/2ea
레몬lemon(길이로 등분)	1/4ea
양파onion(중, 150g 정도)	1/6ea
달걀egg	1ea
토마토케첩tomato catchup	20g
청피망green pimento(중, 75g 정도)	1/4ea
소금(정제염)salt	2g
식초vinegar	10mL

- 사우전드 아일랜드(thousand island)는 '천 개의 섬'이란 뜻으로 샐러드 위에 뿌리면 많은 섬들이 모인 것처럼 보인다고 해서 붙여진 이름이다.
- 핑크색 : 마요네즈와 토마토케첩은 3:1 비율로 혼합한다.
- 사우전드 아일랜드 드레싱과 러시안 드레싱의 차이점 : 피망 사용에 따라 이름이 달라지지만, 많은 사람이 좋아하는 것에 맞추어 다우전드 드레싱에도 피망이 첨가되었으며, 칠리 소스(chilli sauce)를 첨가하여 더 좋은 맛을 내기도 한다.

만드는 법

1 달걀 삶기(15분)

1) 자루냄비에 달걀이 담기고 2cm 더 높이의 물을 끓인다.
2) 달걀을 넣고 13분간 삶는다.
3) 냉수에 담가 식힌다.
4) 흰자와 노른자를 분리한 후 흰자는 0.2cm 크기로 썰고, 노른자는 체에 내린다.

2 재료 준비

1) 양파는 깨끗하게 손질한 후 0.2cm×0.2cm×0.2cm로 자른다.
2) 청피망은 씨와 꼭지를 제거하고 세척한 후에 0.2cm×0.2cm×0.2cm로 자른다.
3) 오이피클은 0.2cm×0.2cm×0.2cm로 자른다.
4) 레몬은 즙을 짠다.

3 사우전드 아일랜드 드레싱 만들기(5분)

1) 믹싱볼에 양파, 피망, 피클, 삶은 달걀, 마요네즈, 토마토케첩, 레몬즙을 넣고 잘 혼합한다.
2) 식초, 소금, 후추로 양념을 하고, 농도가 되직하면 피클주스로 희석하여 농도를 조절한다.
3) 볼에 사우전드 아일랜드 드레싱 100mL를 담아서 제출한다.

4 마무리

1) 작업한 스토브와 작업대, 싱크대는 깨끗하게 마무리 청소를 실시한다.

월도프 샐러드 waldorf salad

20분

주어진 재료를 사용하여 다음과 같이 월도프 샐러드를 만드시오.

가. 사과, 셀러리, 호두알을 1cm 정도의 크기로 써시오.

나. 사과의 껍질을 벗겨 변색되지 않게 하고, 호두알의 속껍질을 벗겨 사용하시오.

다. 상추 위에 월도프 샐러드를 담아 내시오.

재료 및 분량(1인분)

사과apple(200~250g 정도, 주재료)	1ea
흰후춧가루white pepper powder	1g
셀러리celery	30g
마요네즈mayonnaise	60g
호두walnut(중, 겉껍질 제거한 것)	2ea
양상추iceberg lettuce(잎상추로 대체 가능)	2leaf
레몬lemon(길이로 등분)	1/4ea
이쑤시개toothpick	1ea
소금(정제염)salt	2g

- 혼합한 마요네즈의 농도는 맛을 고려한 상태에서 레몬즙으로 조절한다.
- 사과를 손질할 때 1cm 크기의 육각형으로 자르면 완성된 양이 적어지므로 끝 가장자리에서 낭비되는 부분을 고려하여야 한다.
- 셀러리는 껍질을 제거하지 않으면 소스가 잘 묻지 않고 색상이 검게 보이므로 제거를 하는 것이 좋다.
- 상추 혹은 양상추는 장식을 위해 제공되므로 그 목적에 맞게 접시의 안 테두리를 벗어나지 않게 하여야 한다.

만드는 법

1 재료 준비(10분)

1) 호두는 뜨거운 물에 3분간 불린 후에 이쑤시개를 이용하여 껍질을 제거하여 반으로 자르고, 그중에 반은 곱게 다진다.
2) 사과는 껍질을 깎은 후에 1cm×1cm×1cm로 썰어서 레몬즙을 혼합한 물에 담근다.
3) 셀러리는 깨끗하게 세척한 후에 껍질을 벗기고 1cm×1cm로 자른다.
4) 양상추는 근을 제거하고 차가운 물에 담가 둔다.

2 월도프 샐러드 만들기(5분)

1) 믹싱볼에 마요네즈, 물기를 제거한 사과, 셀러리, 호두 반 개를 넣고 잘 혼합한다.
2) 레몬즙, 소금, 후추로 양념을 한다.

3 월도프 샐러드 담기(5분)

1) 양상추 한 입을 접시에 깔고, **2**의 월도프 샐러드를 담고 그 위에 곱게 다진 호두 반 개를 뿌려서 제출한다.

4 마무리

1) 작업한 스토브와 작업대, 싱크대는 깨끗하게 마무리 청소를 실시한다.

포테이토 샐러드 potato salad

30 분

주어진 재료를 사용하여 다음과 같이 포테이토 샐러드를 만드시오.

가. 감자는 껍질을 벗긴 후 1cm 정도의 정육면체로 썰어서 삶으시오.

나. 양파는 곱게 다져 매운맛을 제거하시오.

다. 파슬리는 다져서 사용하시오.

재료 및 분량(1인분)

감자potato(150g 정도)	100g
소금salt(정제염)	5g
양파onion(중, 150g 정도)	1/6개
흰후춧가루white pepper powder	1g
파슬리parsley(잎, 줄기 포함)	1줄기
마요네즈mayonnaise	50g

- 감자를 너무 푹 삶으면 버무릴 때 부서지므로 주의한다. 삶은 감자는 냉수에 담그면 부서지기 때문에 실온에서 식히며, 마요네즈에 버무릴 때에는 떡지지 않도록 넣는 양을 조절해 가면서 부족하면 더 넣도록 한다.

만드는 법

1 재료 준비(8분)

1) 양파는 1mm로 자른 후에 소금을 뿌리고, 3분이 경과하면 흐르는 물에 헹구고 물기를 제거해 둔다.

2) 감자는 껍질을 제거하고, 1cm×1cm×1cm 크기의 정육면체로 썰어서 물에 담근다.

3) 파슬리는 잎을 따서 씻은 후에 곱게 다져서 소창에 감싸 흐르는 물에 헹군 후 물기를 짜내고 접시에 펼쳐서 말린다.

2 감자 삶기(17분)

1) 냄비에 잘라 둔 감자, 물, 소금을 넣고 10분간 삶는다(이쑤시개로 찔러서 쉽게 들어가면 다 익은 것). 체에 밭쳐 물기를 제거한 후에 식힌다.

3 포테이토 샐러드 만들기(5분)

1) 믹싱볼에 삶은 감자와 소금에 절인 양파, 마요네즈를 넣고 잘 혼합한다.

2) 소금과 후춧가루로 양념을 한다.

3) 접시에 포테이토 샐러드를 담고, 그 위에 파슬리가루를 뿌려서 제출한다.

4 마무리

1) 작업한 스토브와 작업대, 싱크대는 깨끗하게 마무리 청소를 실시한다.

토마토 소스 해산물 스파게티

seafood spaghetti tomato sauce

35분

주어진 재료를 사용하여 다음과 같이 토마토 소스 해산물 스파게티를 만드시오.

가. 스파게티 면은 al dante(알 단테)로 삶아서 사용하시오.

나. 조개는 껍질째, 새우는 껍질을 벗겨 내장을 제거하고, 관자 살은 편으로 썰고, 오징어는 0.8cm×5cm 정도 크기로 썰어 사용하시오.

다. 해산물은 화이트와인을 사용하여 조리하고, 마늘과 양파는 해산물 조리와 토마토 소스 조리에 나누어 사용하시오.

라. 바질을 넣은 토마토 소스를 만들어 사용하시오.

마. 스파게티는 토마토 소스에 버무리고 다진 파슬리와 슬라이스한 바질을 넣어 완성하시오.

재료 및 분량(1인분)

스파게티 면(건조 면)	70g
새우shrimp(껍질 있는 것)	3마리
토마토(캔, 홀필드, 국물 포함)	300g
모시조개(지름 3cm 정도, 바지락 대체 가능)	3개
마늘garlic	3ea
오징어(몸통)	50g
양파onion(중, 150g 정도)	1/2개
관자 살(50g 정도, 작은 관자 3개 정도)	1개
바질(신선한 것)	4잎
화이트와인	20mL
파슬리parsley(잎, 줄기 포함)	1줄기
소금(정제염)salt	5g
방울토마토(붉은색)	2개
흰후춧가루white pepper powder	5g
올리브 오일olive oil	40mL
식용유salad oil	20mL
이쑤시개	1ea

- 알단테(al dante) : 요리한 스파게티 면을 씹을 때 딱딱 소리가 날 정도로 익힌 것으로, 소금과 식용유를 넣고 끓인 물에 6분간 삶은 후 체로 건져서 시트 팬에 펼쳐 놓고 식용유를 발라서 면이 붙지 않도록 요리한다.
- 이탈리아식 토마토 소스는 캔 토마토에 양파, 마늘을 넣고 볶은 후에 바질과 오레가노를 넣고 만든 소스로 파스타, 피자, 생선요리, 육류요리, 채소요리에 사용된다. 그리고 프랑스식 토마토 소스는 채소(mirepoix, 당근, 셀러리, 양파)와 토마토 페이스트, 토마토, 밀가루를 넣어 만들기 때문에 블렌더에 갈면 색상이 핑크색으로 변한다.
- 토마토 소스는 블렌더에 갈아도 붉은색이 변하지 않기 때문에 부드럽게 혹은 거칠게 만들어 씹히는 맛을 활용할 수 있다.

만드는 법

1 스파게티 삶기(25분)

1) 냄비에 물 500mL, 소금, 식용유 10mL을 넣고 끓으면 스파게티를 넣고 8분간 삶는다.
2) 삶은 스파게티는 체로 건져서 시트 팬sheet pan에 펼쳐 놓고 식용유 10mL를 묻혀 식힌다.

2 토마토 소스 만들기

1) 양파 40g은 깨끗하게 씻은 후 1mm로 자른다.
2) 마늘 1개는 꼭지를 제거한 후에 곱게 다진다.
3) 캔 토마토는 손으로 곱게 으깬다.
4) 바질 2잎은 깨끗하게 씻은 후에 2mm로 채 썬다.
5) 팬에 양파, 마늘을 넣고 갈색으로 볶다가 으깬 캔 토마토를 넣고 5분간 끓인다. 소금, 후추로 양념을 하고 바질을 넣고 끓으면 토마토 소스를 완성한다.

3 스파게티 재료 준비

1) 양파 30g은 깨끗하게 씻은 후 1mm로 자른다.
2) 마늘 2개는 꼭지를 제거한 후에 1mm로 편으로 썬다.
3) 새우는 이쑤시개로 내장을 제거하여 꼬리 껍질은 남기고, 머리와 몸통 껍질은 제거한다.
4) 모시조개는 깨끗이 씻어 준비한다.
5) 오징어 내장은 제거하고, 몸통 껍질을 벗겨 0.8cm×5cm 정도 크기로 썰어 준비한다.
6) 관자 살은 0.4cm 편으로 썰어 준비한다.
7) 바질 2잎은 2mm로 썰어 준비한다.
8) 방울토마토는 흐르는 물에 깨끗하게 씻는다.
9) 파슬리는 잎을 따서 씻은 후에 곱게 다져서 소창에 감싸 흐르는 물에 헹군 후 물기를 짜내고 접시에 펼쳐서 말린다.

4 해산물 스파게티 만들기(10분)

1) 가열한 팬에 올리브 오일 20mL을 두르고 다진 양파, 편으로 썬 마늘을 넣고 10초간 볶는다.
2) 새우, 모시조개, 오징어, 관자 살을 넣고 20초간 더 볶는다.
3) 화이트와인을 넣고 5초간 더 조리하고, 토마토 소스를 넣어 30초간 더 끓인다.
4) 소금, 후추로 양념을 하고, 삶아 둔 스파게티를 넣어 20초간 더 볶아주면서 버무린다.
5) 바질과 방울토마토를 넣고 10초간 볶고, 올리브 오일 20mL를 넣어 잘 혼합하여 해산물 스파게티를 완성한다.
6) 접시에 대나무젓가락으로 스파게티를 둥글게 말아서 담고, 조리용 스푼으로 해산물과 소스를 스파게티 위에 올린다. 파슬리가루를 뿌려서 제출한다.

5 마무리

1) 작업한 스토브와 작업대, 싱크대는 깨끗하게 마무리 청소를 실시한다.

스파게티 카르보나라 spaghetti carbonara

35분

주어진 재료를 사용하여 다음과 같이 스파게티 카르보나라를 만드시오.

가. 스파게티 면은 al dante(알 단테)로 삶아서 사용하시오.

나. 파슬리는 다지고, 통후추는 곱게 으깨서 사용하시오.

다. 베이컨은 1cm 정도 크기로 썰어 으깬 통후추와 볶아서 향이 잘 우러나게 하시오.

라. 생크림은 달걀노른자를 이용한 리에종liaison과 소스에 사용하시오.

재료 및 분량(1인분)

스파게티 면(건조 면)	80g
파마산치즈가루parmasan cheese	10g
올리브 오일olive oil	20mL
파슬리parsley(잎, 줄기 포함)	1줄기
버터(무염)butter	20g
소금(정제염)salt	5g
생크림fresh cream	180mL
검은통후추black peppercorn	5개
베이컨bacon(길이 15~20cm)	2개
식용유salad oil	20mL
달걀egg	1개

- 통후추를 칼등으로 으깨서 crushed peppercorn을 만들어 사용한다.
- 카르보나라 스파게티의 소스는 생크림을 넣고 졸이는 시간을 조절하여 농도를 맞춘다.
- 생크림과 달걀노른자를 3:1로 혼합한 것을 리에종이라 하는데, 소스의 맛과 농도를 조절하는데 사용된다.

만드는 법

1 스파게티 삶기(15분)

1) 냄비에 물 500mL, 소금, 식용유 20mL을 넣고 끓으면 스파게티를 넣고 6분간 삶는다.

2) 삶은 스파게티는 체로 건져서 시트팬 에 펼쳐서 올리브 오일 10mL를 묻혀 식힌다.

2 스파게티 카르보나라 재료 준비하기(5분)

1) 베이컨은 1cm 정도 크기로 썬다.

2) 달걀은 노른자를 분리하여 볼에 담는다.

3) 파마산치즈는 강판을 이용하여 곱게 가루로 만든다.

4) 검은통후추는 칼등으로 으깬다.

5) 파슬리는 잎을 따서 씻은 후에 곱게 다져서 소창에 감싸 흐르는 물에 헹군 후 물기를 짜내고 접시에 펼쳐서 말린다.

3 스파게티 카르보나라 만들기(10분)

1) 차가운 팬에 베이컨, 으깬 통후추를 넣고 가열하여 베이컨이 투명해지면 버터 10g을 넣고 삶아 둔 스파게티를 넣어 20초간 볶는다.

2) 생크림을 넣고 스파게티와 잘 버무려지면 20초간 더 조리하고 불에서 내린다.

3) 달걀노른자, 파마산치즈가루 5g을 스파게티 카르보나라에 넣고 잘 혼합한다.

4) 접시에 대나무젓가락으로 스파게티를 둥글게 말아서 담고, 스파게티 카르보나라 소스를 가열하여 농도를 조절해서 조리용 스푼으로 소스를 끼얹는다.

5) 파마산치즈가루 5g을 뿌리고, 그 위에 파슬리가루를 뿌려서 제출한다.

4 마무리

1) 작업한 스토브와 작업대, 싱크대는 깨끗하게 마무리 청소를 실시한다.

피시 뮈니엘 fish meuniere

30분

주어진 재료를 사용하여 다음과 같이 피시 뮈니엘을 만드시오.

가. 생선은 5장 뜨기로 길이를 일정하게 하여 4쪽을 구워 내시오.

나. 버터, 레몬, 파슬리를 이용하여 소스를 만들어 사용하시오.

다. 레몬과 파슬리를 곁들여 내시오.

재료 및 분량(1인분)

가자미turbot(250~300g 정도, 해동 지급)	1ea
흰후춧가루white pepper powder	2g
밀가루(중력분)flour	30g
레몬lemon(길이로 자르기)	1/2ea
버터(무염)butter	50g
파슬리(잎, 줄기 포함)parsley	1줄기
소금(정제염)salt	2g

- 피시 뮈니엘(Fish meuniere)은 생선 필렛(fillet) 양면에 밀가루를 묻혀 버터에 조리한 것으로 '밀러의 부인'을 뜻한다. 버터 소스는 버터의 온도 차이에 의해 차가운 버터에 열이 가열되면 버터가 녹는 정도에 따라 소스 농도가 나오게 하는 것이다.
- 혀넙치(sole), 도미(torbot) 등을 뼈를 제거한 필렛(fillet)을 만드는 방법으로 앞면 2장, 뒷면 2장, 뼈로 나누는 것을 5장 뜨기라 한다.
- 생선 필렛은 소금과 흰후추로 양념을 하고, 레몬을 이용하여 비린내를 제거한다.
- 생선 필렛은 뼈와 붙어 있던 부분을 가열된 팬에 넣고 조리를 시작하는 것이 뒤틀림 현상을 방지할 수 있다. 그러나 껍질이 붙어 있으면 껍질부터 먼저 조리를 해야 색상을 얻을 수 있다.

만드는 법

1 재료 준비(20분)

1) 가자미는 비늘 제거기로 등과 배 부분의 비늘을 제거한다.
2) 칼로 내장이 있는 배 부분을 잘라서 손으로 내장을 제거하여 깨끗하게 씻고, 행주로 물기를 제거한다.
3) 도마 위에 생선을 올려 놓고, 생선 중간의 등뼈를 따라 꼬리까지 칼집을 넣는다. 칼집을 넣은 등뼈를 따라 칼을 45°로 세우고, 칼끝으로 뼈를 긁어 껍질이 붙어 있는 살코기는 뼈에서 분리한다. 껍질이 붙어 있는 살코기의 꼬리부분을 손으로 잡고 칼을 살코기와 껍질 사이에 넣어 껍질을 당기면서 살코기를 분리하여 생선 필렛fillet을 떼어 낸다.
4) 소창으로 생선살의 물기를 제거한다.
5) 생선살은 8cm 길이로 자른다.
6) 레몬은 웨지(1/2 크기의 반달 모양)로 자른다. 1/2의 레몬은 즙을 짜서 준비한다.
7) 소금, 후추, 레몬주스를 뿌려서 양념을 한다.
8) 파슬리 반은 물에 담가 두고, 반은 잎을 따서 씻은 후에 곱게 다져서 소창에 감싸 흐르는 물에 헹군 후 물기를 짜내고 접시에 펼쳐서 말린다.

2 피시 뮈니엘 조리하기(10분)

1) 손질된 가자미 필렛을 잡고 밀가루를 양면에 묻히는데 많이 묻은 것은 흔들어 털어 낸다.
2) 팬에 버터 20mL을 넣고 중불에 올려 녹으면 1)의 밀가루 묻힌 가자미 뼈쪽 부분의 면을 팬에 먼저 놓고 익으면 뒤집는다.
3) 접시에 우측에서 좌측으로 2mm씩 겹치게overlap 담는다.
3) 팬에 버터 30mL를 넣고 녹으면 레몬즙을 넣고, 소금과 후추로 양념을 한다. 다진 파슬리가루를 넣고 혼합하여 레몬-버터 소스를 완성한 후 접시에 담은 피시 뮈니엘에 뿌린다.
4) 레몬 웨지와 물에 담가둔 파슬리는 물기를 제거한 후 장식으로 올려서 제출한다.

3 마무리

1) 작업한 스토브와 작업대, 싱크대는 깨끗하게 마무리 청소를 실시한다.

솔 모르네 sole mornay

40분

주어진 재료를 사용하여 다음과 같이 솔 모르네를 만드시오.

가. 피시 스톡fish stock을 만들어 생선을 포우칭poaching하시오.

나. 베샤멜 소스bechamel sauce를 만들어 치즈를 넣고 모르네 소스mornay sauce를 만드시오.

다. 생선은 5장 뜨기하고, 수량은 같은 크기로 4개 제출하시오.

라. 케이엔 페퍼를 뿌려내시오.

재료 및 분량(1인분)

가자미sole(250~300g 정도 해동 지급)	1ea
레몬lemon(길이로 자르기)	1/4ea
치즈cheese(가로, 세로 8cm 정도)	1장
월계수 잎bay leaf	1leaf
케이엔 페퍼cayenne pepper	2g
파슬리parsley(잎, 줄기 포함)	1leaf
밀가루(중력분)	30g
흰통후추white peppercorn(검은통후추 대체 가능)	3ea
버터(무염)butter	50g
소금(정제염)salt	2g
우유milk	200mL
양파onion(중, 150g 정도)	1/3ea
피시 스톡fish stock	200mL
정향clove	1ea

- 모르네 소스는 베샤멜 소스에서 파생한 소스로 아메리칸 치즈를 첨가한 소스다.
- 솔 포칭 시 생선이 부서지는 것을 방지하기 위하여 파이 팬에 버터 바르고, 양송이버섯, 쪽파, 양파를 깔고 생선 올리고, 소량의 레몬즙, 와인과 생선 육수를 넣고 알루미늄 포일을 감싼 후 수분 증발을 방지한 상태에서 조리한다. 이 방법을 와인 포칭(wine poaching)이라 하는데, 조리 시 생선 맛이 누출되는 것을 최소화하고, 생선을 포칭한 후에 남은 소량의 진한 육수를 소스에 활용하여 맛을 배가시키도록 하는 것이다.
- 생선 육수는 손질한 뼈 1kg당 물 1L를 넣고 30분 이내로 끓인다. 너무 오래 끓이면 비린내가 날 수 있기 때문이다.
- 케이엔 페퍼는 고춧가루의 일종으로 매운맛이 있어서, 서양요리에서 사용하면 악마(devil)라 칭하기도 한다. 그러나 한국의 고춧가루보다는 매운맛이 약하다.

만드는 법

1 재료 준비(25분)

1) 가자미는 비늘 제거기로 등과 배 부분의 비늘을 제거한다.
2) 칼로 내장이 있는 배 부분을 잘라서 손으로 내장을 제거하여 깨끗하게 씻고, 행주로 물기를 제거한다.
3) 도마 위에 생선을 올려 놓고 생선 중간의 등뼈를 따라 꼬리까지 칼집을 넣는다. 칼집을 넣은 등뼈를 따라 칼을 45°로 세우고, 칼끝으로 뼈를 긁어 껍질이 붙어 있는 살코기는 뼈에서 분리한다. 껍질이 붙어 있는 살코기의 꼬리부분을 손으로 잡은 후 칼을 살코기와 껍질 사이에 넣고 껍질을 당기면서 살코기를 분리하여 생선 필렛fillet을 떼어 낸다.
4) 소창으로 생선살의 물기를 제거한다.
5) 생선 살은 8cm 길이로 끝을 접는다.
6) 소금, 후추, 레몬주스를 뿌려서 양념을 한다.
7) 레몬은 웨지(1/2 크기의 반달 모양)로 자른다. 1/2의 레몬은 즙을 짜서 준비한다.

2 생선 육수 만들기

1) 손질하고 남은 생선 뼈는 주방가위를 이용하여 3cm 크기로 자른다. 등뼈를 중심으로 가위로 반으로 자른다.
2) 생선 뼈는 피와 불순물이 제거되도록 깨끗이 씻는다.
3) 냄비에 깨끗하게 손질된 생선 뼈 50g, 양파 10g, 물 80mL, 즙을 짜고 남은 레몬, 파슬리 줄기를 넣고 끓으면 조리용 스푼으로 불순물을 떠 내고 은근히 10분간 더 끓인다.
4) 소창으로 생선 육수를 거른다.

3 솔 조리하기(13분)

1) 파이 팬에 버터 5g을 바르고, 채를 썬 양파 10g 올린다. 그 위에 소금, 후추, 레몬즙을 뿌린 후 솔 필렛을 올리고, 피시 스톡 30mL를 넣고, 알루미늄 포일로 덮어서 150℃ 오븐에 넣고 5분간 익힌다.

4 모르네 소스 만들기

1) 치즈는 가로×세로 8cm로 자른다.
2) 양파 20g은 곱게 썬다.
3) 양파에 정향을 꽂아 어니언 피케를 만든다.
4) 자루냄비에 버터 15g을 넣고 녹으면 체에 내린 밀가루 20g을 넣고 흰색 루white roux를 만든다.
5) 루에 우유 150mL을 붓고 거품기로 저어 루가 풀어지면서 농도가 나오게 한다. 어니언 피케를 넣고 5분간 끓인다. 잘라 둔 치즈를 넣고 거품기로 저어서 치즈를 녹여 치즈 소스를 만든다. 소금과 후추로 양념을 하고 고운 체로 거른다. 솔에서 조리한 진한 생선 육수를 넣고 농도를 조절한다.

5 조리된 생선 담아 완성하기(2분)

1) 접시에 익힌 솔 필렛은 물기를 제거하고 2mm씩 겹치도록 우측에서 좌측으로 담는다.
2) 모르네 소스는 숟가락으로 떠서 솔 필렛 위에 끼얹는다.
3) 모르네 소스 위에 엄지와 집게 손가락으로 케이엔 페퍼가루를 뿌린다.
4) 레몬 웨지와 파슬리로 장식을 한 후에 제출한다.

6 마무리

1) 작업한 스토브와 작업대, 싱크대는 깨끗하게 마무리 청소를 실시한다.

프렌치 프라이드 슈림프 French fried shrimp

25 분

주어진 재료를 사용하여 다음과 같이 프렌치 프라이드 슈림프를 만드시오.

가. 새우는 꼬리쪽에서 1마디 정도 껍질을 남겨 구부러지지 않게 튀기시오.

나. 새우튀김은 4개를 제출하시오.

다. 레몬과 파슬리를 곁들이시오.

재료 및 분량(1인분)

새우shrimp(50~60g)	마리
식용유salad oil	300mL
밀가루(중력분)flour	80g
레몬(길이로 자르기)lemon	1/6ea
백설탕sugar	2g
파슬리parsley(잎, 줄기 포함)	1줄기
달걀egg	1ea
냅킨(흰색, 기름 제거용)	2장
소금(정제염)salt	2g
이쑤시개toothpick	1ea
흰후춧가루white pepper powder	2g

- 묽은 반죽(batter) : 밀가루 반죽에 휘핑한 달걀흰자를 혼합한 것으로, 프랑스식 새우튀김은 손질한 새우에 밀가루 반죽을 입혀서 섭씨 170도에 튀긴 요리로 껍질이 부드러운 것이 특징이다.
- 달걀흰자 거품을 묽은 반죽에 혼합할 때는 한 번에 합치는 것이 아니라 각각 구분된 상태에서 필요한 만큼씩 섞어가면서 사용하면 튀김 시에 새우가 쉽게 기름 표면에 떠오른다.
- 튀김 종류는 이탈리아식 프리토 미스토(fritto misto : 반죽 만들 때 yeast 첨가됨), 피시 앤 칩스(fish & chips : 영국, 맥주와 밀가루로 묽은 반죽을 만들어 생선 튀김에 많이 사용), 템푸라(tempura : 일본, 달걀노른자, 얼음, 튀김가루를 혼합하여 290~310℃의 높은 온도의 기름에서 채소, 생선 종류를 많이 튀기는 조리법), 전분을 물에 불려서 물을 따라내고 달걀노른자와 혼합하여 닭고기, 소고기 등을 튀기는 중국 탕수 방법 등이 있다.

만드는 법

1 재료 준비(10분)

1) 레몬은 웨지(1/2 모양의 반달) 1개로 썰고, 나머지는 즙을 짜 준다.
2) 새우는 이쑤시개로 세 번째 마디에서 내장을 제거하고 머리와 껍질을 벗긴다(단, 꼬리 껍질은 남긴다).
3) 새우는 구부러진 안쪽에 대각선으로 3mm 깊이로 칼침을 3번씩 넣어 뒤틀리지 않게 한다.
4) 레몬즙을 뿌리고, 소금과 후추로 양념을 한다.
5) 파슬리는 물에 담가 둔다.

2 튀김옷 묽은 반죽(batter) 만들기(5분)

1) 달걀은 흰자를 분리하여 거품기로 휘핑whip한다(뒤집어 떨어지지 않을 정도).
2) 체에 내린 밀가루 60g을 믹싱볼 가장자리로 둥글게 링 모양으로 밀어놓고 중간의 빈 곳에 달걀노른자 1개, 물 60mL를 넣고 거품기를 이용하여 밀가루와 접하는 부분부터 작업하여 묽은 반죽을 만든다. 소금과 후추로 양념을 한다.

3 프렌치 슈림프 조리하기(10분)

1) 식용유는 자루냄비에 넣고 섭씨 170도로 가열한다.
2) **1**의 손질한 새우는 밀가루를 묻히고, 많이 묻은 것은 흔들어 털어 낸다.
3) **2**의 묽은 반죽에 휘핑한 달걀흰자를 넣고 폴딩folding 동작으로 혼합한다.
4) **1**을 3)에 묻혀서 1)에 넣고 갈색으로 튀긴다.
5) 튀긴 새우 4마리를 접시에 돌려 담고, 레몬 웨지와 파슬리로 장식을 한 후에 제출한다.

4 마무리

1) 작업한 스토브와 작업대, 싱크대는 깨끗하게 마무리 청소를 실시한다.

바비큐 폭찹 barbecue pork chop

40분

주어진 재료를 사용하여 다음과 같이 바비큐 폭찹을 만드시오.

가. 고기는 뼈가 붙은 채로 사용하고, 고기의 두께는 1cm 정도로 하시오.

나. 양파, 셀러리, 마늘은 다져서 소스를 만드시오.

다. 완성된 소스는 농도에 유의하고 윤기가 나도록 하시오.

재료 및 분량(1인분)

돼지갈비pork chop(살 두께 5cm 이상, 뼈를 포함한 길이 10cm)	200g
버터(무염)butter	10g
토마토케첩tomato ketchup	30g
식초vinegar	10mL
우스터 소스Worcestershire sauce	5mL
핫소스hot sauce	5mL
황설탕brown sugar	10g
월계수 잎bay leaf	1leaf
양파onion(중, 150g 정도)	1/4ea
소금(정제염)salt	2g
셀러리celery	30g
검은후춧가루black pepper powder	2g
밀가루(중력분)flour	10g
마늘garlic	1쪽
레몬(길이로 자르기)	1/6ea
식용유salad oil	30mL
비프 스톡beef stock(물로 대체 가능)	200mL

만드는 법

1 재료 준비(5분)

1) 양파와 셀러리는 깨끗이 씻은 후에 곱게 다진다.

2) 마늘은 꼭지를 제거하고 곱게 다진다.

2 돼지갈비 준비(10분)

1) 돼지갈비는 2.5cm 두께로 손질하여 0.5cm 간격, 0.4cm 깊이로 칼집을 넣는다.

2) 소금과 후추로 양념을 한다.

3) 밀가루를 묻혀 뜨거운 팬에 식용유를 두르고 갈색 나게 시어링searing한다.

3 바비큐 소스 만들어 돼지갈비 익히기(25분)

1) 팬에 버터를 넣고 녹으면 다진 양파, 셀러리와 다진 마늘은 갈색으로 볶는다.

2) 토마토케첩, 우스터 소스, 황설탕, 핫소스, 식초, 물을 넣고 끓여서 바비큐 소스를 만든다.

3) **2**의 시어링해 놓은 돼지갈비, 월계수 잎을 넣고 15분간 은근히 끓인다.

4) 돼지갈비가 부드럽게 익고 소스 농도가 자작해지면 월계수 잎을 건져 내고, 소금, 후추로 양념을 한다.

5) 접시의 중앙에 폭찹을 놓고 그 위에 팬에 남아 있는 소스의 농도를 조절한 후 끼얹어 완제품 접시를 제출한다.

4 마무리

1) 작업한 스토브와 작업대, 싱크대는 깨끗하게 마무리 청소를 실시한다.

- 바비큐(barbecued)란 돼지고기를 통으로 조리한 것을 뜻하였으나, 현대는 고기의 일부 부위인 돼지갈비 등을 토마토케첩, 우스터 소스, 핫소스, 설탕 그리고 식초를 혼합된 소스에 갈비를 넣고 절임(marinated)한 후에 부드럽게 익히고, 소스를 발라가면서 오븐, 살라멘더, 석쇠 등에서 마무리 조리한 것 또는 육류, 가금류, 생선을 소금과 후추로 양념을 한 후에 숯불로 익혀 완제품 소스를 발라서 먹는 것을 뜻한다.
- 바비큐 소스에 설탕을 넣고 조리를 하면 표면에 윤택이 많이 난다.
- 폭찹(pork chop)은 갈비뼈 위에 등심이 붙은 것이다. 양갈비 위에 양고기 등심이 붙으면 램 찹(lamb chop), 송아지 갈비뼈 위에 등심이 붙어 있으면 빌 찹(veal chop)이다.
- 조리하는 중에 고기가 뒤틀리거나 쪼그라드는 것을 방지하기 위하여 일정한 간격과 깊이로 칼침을 넣어 준다.
- 바비큐 돼지갈비는 살라멘드에서 조리할 때 표면이 타는 것을 방지하기 위하여 스푼이나 붓으로 소스를 바르면서 조리하면 맛과 풍미가 더 좋아진다.
- 돼지고기는 완전히 익혀서 제공하여야 한다.

비프 스튜 beef stew

40분

주어진 재료를 사용하여 다음과 같이 비프 스튜를 만드시오.

가. 완성된 소고기와 채소의 크기는 1.8cm 정도의 정육면체로 하시오.

나. 브라운 루brown roux를 만들어 사용하시오.

다. 파슬리 다진 것을 뿌려 내시오.

재료 및 분량(1인분)

소고기round of beef(살코기, 덩어리)	100g
밀가루flour(중력분)	25g
당근carrot(둥근 모양이 유지되도록 자르기)	70g
버터butter(무염)	30g
양파onion(중, 150g 정도)	1/4ea
소금salt(정제염)	2g
셀러리celery	30g
검은후춧가루black pepper powder	2g
감자potato(150g 정도)	1/3ea
파슬리parsley(잎, 줄기 포함)	1줄기
마늘garlic	1ea
월계수 잎bay leaf	1leaf
토마토 페이스트tomato paste	20g
정향clove	1ea

- 스튜(stew) : 습열을 이용한 조리방법으로 '뭉근한 불로 끓인다'는 뜻이다. 시험에서는 브라운 루를 따로 만들어 첨가하는 양으로 농도를 조절하지만, 산업체에서는 밀가루를 묻힌 쇠고기를 조리하면 육즙 고정으로 맛있는 맛이 빠지는 것을 방지한다. 그리고 육류는 조리 중에 수축현상이 일어나기 때문에 주어진 규격보다 크게 자르는 것이다.
- 감자 요리 정도 식별 ; 엄지와 집게 손가락 사이에 감자를 넣고 쉽게 부서지거나, 이쑤시개로 감자를 찔러 저항감 없이 쉽게 들어가면 익은 것이다.
- 맑고 깨끗한 스튜를 만들기 위해서 스키밍(skimming : 끓는 중에 떠오르는 기름과 거품 제거)해 준다.

만드는 법

1 재료 준비(10분)

1) 쇠고기는 2cm×2cm×2cm 크기의 정육면체로 자르고, 소금과 후추로 양념한다.
2) 양파는 1.8cm×1.8cm로 자른다.
3) 당근은 필러로 껍질을 벗기고 1.8cm×1.8cm×1.8cm 크기의 정육면체로 자른다.
4) 셀러리는 필러로 껍질을 벗기고 1.8cm×1.8cm 크기로 자른다.
5) 감자는 껍질을 벗기고 1.8cm×1.8cm×1.8cm 정육면체로 자른 후 냉수에 담가 둔다.
6) 마늘은 곱게 다진다.
7) 파슬리는 잎을 따서 씻은 후에 곱게 다져서 소창에 감싸 흐르는 물에 헹군 후 물기를 짜내고 접시에 펼쳐서 말린다.
8) 양파 조각에 정향 1개를 끼워 놓는다.

2 브라운 루 만들기(3분)

1) 팬에 버터 15g을 넣고 녹으면, 중불에서 체에 내린 밀가루 25g을 넣고 브라운 루를 만든다.

3 비프 스튜 만들기(27분)

1) 뜨거운 팬에 버터 15g을 넣고 녹으면 손질해서 양념해 둔 쇠고기를 2분간 갈색으로 볶는다.
2) 양파를 넣고 10초간 더 볶고, 당근과 셀러리를 넣고 30초간 더 볶는다.
3) 토마토 페이스트 20g을 2분간 볶고, 마늘을 넣고 10초간 볶는다.
4) 물 250mL를 붓고, 월계수 잎과 정향 1개를 끼운 양파를 넣고 끓인다. 떠오르는 불순물은 수시로 제거한다.
5) 브라운 루를 넣고 거품기로 덩어리가 풀어지고 농도가 나오게 한다(루 조절).
6) 물기를 뺀 감자를 넣고 10분간 끓인다.
7) 소금, 후추로 양념하고, 스튜 볼에 담고 파슬리가루를 뿌려서 제출한다.

4 마무리

1) 작업한 스토브와 작업대, 싱크대는 깨끗하게 마무리 청소를 실시한다.

살리스버리 스테이크 salisbury steak

주어진 재료를 사용하여 다음과 같이 살리스버리 스테이크를 만드시오.

가. 살리스버리 스테이크는 타원형으로 만들어 고기 앞, 뒤의 색을 갈색으로 구우시오.

다. 더운 채소(당근, 감자, 시금치)를 각각 모양 있게 만들어 곁들여 내시오.

재료 및 분량(1인분)

재료	분량
소고기beef ground(살코기 갈은 것)	130g
식용유salad oil	150mL
양파onion(중, 150g 정도)	1/6ea
감자potato(150g 정도)	1/2ea
달걀egg	1ea
당근carrot(둥근 모양이 유지되도록 자르기)	70g
우유milk	10mL
시금치spinach	70g
빵가루bread crumb(마른 것)	20g
백설탕white sugar	25g
소금(정제염)salt	2g
버터(무염)butter	50g
검은후춧가루black pepper powder	2g

- 살리스버리(1830~1903) : 영국의 후작이면서 의사로, 요리를 먹도록 권장해서 이름을 따서 붙인 것이다. 살리스버리 스테이크는 갈은 쇠고기를 이용하여 타원형으로 만든 것이 특징이다.
- 고기는 양손을 이용하여 교대로 위에서 아래로 내려치면서 충분히 치대야 갈라지지 않으며 표면이 매끄럽게 된다.
- 살리스버리 스테이크는 조리과정에서 수축이 일어나고, 가운데가 볼록해지므로 가운데를 살짝 눌러 주어야 하며, 사전에 두께를 고려한 패티를 만들어야 한다.
- 살리스버리 스테이크 굽기 : 팬을 가열하고 기름으로 코팅하여 여분의 기름을 닦아내고, 기름을 넣고 중불에서 접시에 담을 부분을 먼저 넣어야 하며, 팬에 닿은 패티가 갈색이 나면 뒤집어서 약한 불에서 서서히 조리하여 내부까지 익힌다.
- 비치 당근을 졸일 때 액체가 졸여져 증발하면 버터에 의해 당근에 윤기가 나는 것을 글레이징(glazing : ice 윤택)이라 한다. 이는 수분이 증발하고 섭씨 160도가 되었을 때이다.

만드는 법

1 재료 준비(10분)

1) 빵가루 20g은 우유 10g에 담가 둔다.
2) 양파는 깨끗하게 씻은 후에 곱게 다진다.
3) 당근은 필러로 껍질을 제거하여 0.5cm 두께의 링 모양으로 썰고, 가장자리 양면을 1.5mm씩 손질하여 비치 모양으로 만든다.
4) 시금치는 잎만 따서 깨끗이 씻은 후에 끓는 물에 5초간 데쳐서 찬물에 담가 씻은 후 물기를 짜고, 다진 양파 5g, 버터 5g 같이 준비해 담아 둔다.
5) 감자는 껍질을 벗기고 0.7cm×0.7cm×7cm로 잘라서 뜨거운 물에 넣고 데쳐서blanching 식혀 둔다.
6) 달걀은 거품기로 쳐서 알끈을 제거하고 고운 체로 거른다.

2 살리스버리 스테이크 만들기(10분)

1) 다진 양파 10g은 버터 5g에 볶아 식힌다.
2) 믹싱볼에 갈은 쇠고기, 1)의 양파, 달걀 30g, 우유에 담가 둔 빵가루, 소금, 후추를 넣고 잘 혼합하고, 양손으로 3분간 두드린 후에 1cm 두께의 타원형 살리스버리 패티를 만든다.

3 조리하기(15분)

1) 팬이 가열되면 식용유를 두르고 살리스버리 패티를 넣고 갈색이 되면 뒤집어서 다른 면도 낮은 온도에서 완전히 굽는다.
2) 냄비에 비치 당근, 설탕, 소금, 버터, 물을 넣고 5분간 삶는다.
3) 냄비에 식용유를 넣고 섭씨 170도 가열되면, 블랜칭한 감자를 넣고 갈색이 나게 튀긴다. 체로 건져서 뜨거울 때 소금을 뿌린다.
4) 팬에 다진 양파 5g, 버터 5g를 넣고 볶은 후 시금치를 넣고, 소금, 후추로 양념하여 20초간 볶는다.

4 접시 담기(5분)

1) 접시 중앙에서 앞쪽으로 살리스버리 스테이크를 놓고, 중앙에서 위 왼쪽부터 비치 당근, 볶은 시금치, 감자튀김을 담아서 제출한다.

5 마무리

1) 작업한 스토브와 작업대, 싱크대는 깨끗하게 마무리 청소를 실시한다.

서로인 스테이크 sirloin steak medium

30분

주어진 재료를 사용하여 다음과 같이 서로인 스테이크를 만드시오.

가. 스테이크는 미디움medium으로 구우시오.

나. 더운 채소(당근, 감자, 시금치)를 각각 모양 있게 만들어 함께 내시오.

재료 및 분량(1인분)

소고기 등심beef, sirloin steak(덩어리)	200g
검은후춧가루black pepper powder	1g
감자potato(150g 정도)	1/2ea
식용유salad oil	300mL
당근carrot(둥근 모양 유지되도록 자르기)	70g
버터(무염)butter	50g
시금치spinach	70g
백설탕white sugar	25g
소금(정제염)salt	2g
양파onion(중, 150g 정도)	1/6ea

- 서로인 스테이크(sirloin steak) : 영국의 백작 칭호. 쇠고기 채끝 등심 스테이크가 맛이 좋아서 작위를 부여하였다. 팬을 가열하여 기름으로 코팅하고 여분의 기름을 닦아 낸 후, 기름을 넣고 중불에서 접시에 담을 부분을 먼저 넣어야 하며, 팬에 닿은 패티가 갈색이 나면 뒤집어서 약한 불에서 미디엄(내부온도: 65℃)으로 조리한다.
- 미디엄을 판별하는 방법 : 육류 온도계를 이용하여 내부온도가 65℃, 스테이크 표면에 육즙이 나오기 시작할 때, 고기 단면을 절단했을 때 색상이 핑크빛이 줄어들었을 때, 손으로 눌러서 중간 정도의 딱딱한 촉감이 느껴질 때 등이다.
- 감자를 튀길 때 수분 배출이 늦으면 시간 소요가 많으므로 사전에 뜨거운 물에 데친(blanch) 후에 식히고, 물기를 제거한 후 기름온도 170℃에서 갈색으로 튀긴다.

만드는 법

1 재료 준비(10분)

1) 양파는 깨끗하게 씻은 후에 곱게 다진다.
2) 당근은 필러로 껍질을 제거하여 0.5cm 두께의 링 모양으로 썰고, 가장자리 양면을 1.5mm씩 손질하여 비치 모양으로 만든다.
3) 시금치는 잎만 따서 깨끗이 씻은 후에 끓는 물에 5초간 데쳐서 찬물에 담가 씻은 후 물기를 짜고, 다진 양파 5g, 버터 5g 같이 준비해 담는다.
4) 감자는 껍질을 벗기고 0.7cm×0.7cm×7cm로 잘라서 뜨거운 물에 넣고 데쳐서blanching 식혀 둔다.

2 등심 스테이크 손질하기

1) 쇠고기 등심 스테이크 200g은 본 나이프bone knife로 힘줄과 많이 붙은 지방을 제거한다. 소창으로 감싸고 스테이크 방망이로 부드럽게 두드려 모양을 잡는다.
2) 소금, 후추를 뿌리고 식용유를 발라 둔다.

3 조리하기(15분)

1) 냄비에 비치 당근, 설탕, 소금, 버터, 물을 넣고 5분간 삶는다.
2) 냄비에 식용유를 넣고 섭씨 170도 가열되면, 블랜칭한 감자를 넣고 갈색이 나게 튀긴다. 체로 건져서 뜨거울 때 소금을 뿌린다.
3) 팬에 다진 양파 5g, 버터 5g를 넣고 볶은 후 시금치를 넣고, 소금, 후추로 양념하여 20초간 볶는다.
4) 팬을 중불에서 가열하여 기름으로 코팅하고, 여분의 기름을 닦아 낸 후 기름을 다시 넣고 등심 스테이크를 접시에 담을 때 윗면을 먼저 넣어 팬에 닿은 스테이크가 갈색이 나면 뒤집어서 약한 불에서 미디엄(내부온도 : 65℃)으로 조리한다.

4 접시 담기(5분)

1) 접시 중앙에서 앞쪽에 등심 스테이크를 놓고, 중앙에서 위 왼쪽부터 비치 당근, 볶은 시금치, 감자튀김을 담아서 제출한다.

5 마무리

1) 작업한 스토브와 작업대, 싱크대는 깨끗하게 마무리 청소를 실시한다.

치킨 커틀릿 chicken cutlet

40분

주어진 재료를 사용하여 다음과 같이 치킨 커틀릿을 만드시오.

가. 닭은 껍질때 사용하시오.

나. 완성된 커틀릿의 색에 유의하고, 두께는 1cm 정도로 하시오.

다. 딥 팻 프라이deep fat frying로 하시오.

재료 및 분량(1인분)

재료	분량
닭고기chicken(한 마리 1.2kg 정도, 허벅지살 포함)	1마리
소금(정제염)salt	3g
달걀egg	1ea
검은후춧가루black pepper powder	1g
밀가루(중력분)flour	30g
식용유salad oil	500mL
빵가루bread crumb(마른 것)	50g
냅킨napkin(흰색, 기름 제거용)	2장

- 튀김은 170℃로 가열된 기름에서 작업을 한다. 온도계가 있으면 확인하겠지만, 없을 경우에는 조리용 대나무젓가락을 넣어서 공기방울이 생겨나면 튀김온도에 도달한 것이다.
- 새 기름으로 170℃ 튀길 때도 색이 덜 나며, 계속 사용했던 기름은 색이 많이 난다. 따라서 기름의 상태를 확인하는 것이 중요하다.
- 차가운 상태의 기름은 가열시간 소요가 많으므로 100℃로 예열해 두는 것이 필요하다.
- 튀김옷을 입힐 때는 밀가루가 많이 묻은 부분은 튀김 후 공기주머니가 볼록하게 되므로 밀가루, 빵가루가 골고루 묻을 수 있도록 작업하는 것이 중요하다. 그리고 힘줄부분은 조리 시에 수축이 심하게 일어나므로 칼끝으로 힘줄을 골고루 잘라주어야 한다.
- 닭을 기름에 튀길 때는 수분 증발이 원활할 수 있도록(blanch) 튀김 도중에 바스켓을 올려서 뜨거운 수증기를 날려 보내는 방법을 활용한다. 그리고 튀김이 완전히 익으면 기포 발생이 적어져서 조용해지고, 젓가락으로 전해지는 감촉이 딱딱해지고 갈색이면 완전히 익은 것이다.

만드는 법

1 재료 준비(25분)

1) 달걀은 거품기로 쳐서 고운 체로 걸러 달걀물을 만든다.
2) 닭은 도마에 올려 놓고 본 나이프로 다리의 연골을 젖혀서 분리하고, 뼈 있는 부분까지 칼끝을 넣고 다리뼈를 제거한다. 가슴살코기도 분리한다. 가슴살코기와 다리살코기는 펼쳐서 칼등으로 다져 주면서 껍질은 칼을 45도로 세워 칼끝으로 1cm 간격으로 찍어서 힘줄을 끊어 준다(두께 0.7cm). 소금, 후추로 양념을 한다.

2 빵가루 묻히기(5분)

1) 손질한 닭고기에 밀가루를 묻히는데 많이 묻은 것을 털어 내고, 달걀물에 담가서 충분히 묻으면 건져서 손으로 훔친 후 빵가루 위에 놓고 다른 손으로 빵가루를 위에 덮은 후 꼭꼭 눌러 준다.

3 커틀릿 요리하기(10분)

1) 식용유는 170℃로 가열한다.
2) 커틀릿을 흔들어 여분의 빵가루를 털어 내고, 가열된 기름에 넣고 양면이 갈색 날 때까지 튀긴다. 흡수지에 올려서 여분의 기름을 제거한다.
3) 접시에 담아서 제공한다.

4 마무리

1) 작업한 스토브와 작업대, 싱크대는 깨끗하게 마무리 청소를 실시한다.

치킨 알라 킹 chicken a la king

30분

주어진 재료를 사용하여 다음과 같이 치킨알라킹을 만드시오.

가. 완성된 닭고기와 채소, 버섯의 크기는 1.8cm×1.8cm 정도로 균일하게 하시오.

나. 닭 뼈를 이용하여 치킨 육수를 만들어 사용하시오.

다. 화이트 루roux를 이용하여 베샤멜 소스bechamel sauce를 만들어 사용하시오.

재료 및 분량(1인분)

재료	분량
닭고기chicken(한 마리 1.2kg정도, 허벅지살 포함)	1마리
우유milk	150mL
청피망green pimento(중, 75g 정도)	1/4ea
정향clove	1ea
홍피망red pimento(중, 75g 정도)	1/6ea
생크림fresh cream(조리용)	20mL
양파onion(중, 150g 정도)	1/6ea
소금(정제염)salt	2g
양송이(2개)mushroom	20g
흰후춧가루white pepper powder	2g
버터(무염)butter	20g
월계수 잎bay leaf	1leaf
밀가루(중력분)flour	15g

- 스웨팅(sweating) : 팬에 재료를 볶을 때 색나지 않도록 하며, 단맛을 배가시켜 감칠맛을 더 많이 느낄 수 있도록 하는 조리방법이다. 치킨 알라 킹도 완성된 요리의 색이 나지 않도록 볶는 것이 중요하다. 또한 색 유지를 위해 양념을 할 때에도 소금과 흰후추를 사용한다.
- 베샤멜 소스는 조리가 완성된 후에 되직하게 되는 것을 방지하기 위하여 30분 정도 끓여야 글루텐 작업이 멈춘다.
- 녹색채소는 조리시간이 경과되면 색상이 누렇게 변하므로 채소의 특성을 감안하여 과잉조리(over cooking)하지 않도록 한다.

만드는 법

1 재료 준비(20분)

1) 양파는 깨끗이 씻은 후에 1.8cm × 1.8cm로 자른다.
2) 청피망과 홍피망은 씨와 꼭지를 제거하고, 깨끗이 씻은 후에 1.8cm × 1.8cm로 자른다.
3) 양송이는 물기 있는 행주로 훔치고, 웨지wedge로 자른다.
4) 양파 조각에 정향을 꽂아서 어니언 피케를 만들어 둔다.
5) 닭고기를 도마에 올려 놓고 본 나이프로 껍질과 뼈를 제거하고, 2.54cm × 2.54cm × 2.54cm (1″× 1″× 1″)로 잘라 소금, 후추를 뿌려 준비해 둔다.

2 치킨 육수 만들기

1) 냄비에 물을 넣고 끓으면 닭 뼈를 블랜칭blanching한다. 흐르는 물에 불순물을 깨끗하게 제거한다.
2) 냄비에 차가운 물, 손질한 닭 뼈, 양파를 넣고 끓인다. 끓으면 불순물을 스키밍skimming하고 은근히 끓인다.
3) 소창으로 거른다.

3 베샤멜 소스 만들기

1) 약불 위의 팬에 버터 15g을 넣고 녹으면, 밀가루 15g을 넣고 나무주걱으로 저어서 화이트 루를 만든다.
2) 닭 육수 70mL, 우유 100mL를 넣고 거품기로 저어 덩어리가 풀어지고 농도가 날 때까지 계속 젓는다. 어니언 피케, 월계수 잎을 넣는다.
3) 은근히 끓인다.

4 치킨 알라 킹 만들기(10분)

1) 팬에 버터 10g을 넣고 녹으면, 닭고기 볶고, 양파 볶고, 양송이버섯을 넣고 볶는다.
2) 베샤멜 소스 100mL에 우유 80mL를 넣고 5분간 은근히 끓인다.
3) 생크림 20mL를 넣고 소금과 후추로 양념을 한다.
4) 접시에 닭고기 및 채소를 먼저 담고, 소스는 농도를 조절한 후에 끼얹어 제출한다.

5 마무리

1) 작업한 스토브와 작업대, 싱크대는 깨끗하게 마무리 청소를 실시한다.

BLT 샌드위치(베이컨, 레터스, 토마토 샌드위치)

bacon, lettuce, tomato sandwich

30분

주어진 재료를 사용하여 다음과 같이 BTL 샌드위치를 만드시오.

가. 빵은 구워서 사용하시오.

나. 토마토는 0.5cm 정도의 두께로 썰고, 베이컨은 구워서 사용하시오.

다. 완성품은 모양 있게 썰어 전량을 제출하시오.

재료 및 분량(1인분)

식빵toast bread(샌드위치용)	3장
마요네즈mayonnaise	30g
양상추lettuce(잎상추로 대체 가능)	2leaf
소금(정제염)salt	3g
토마토tomato(중, 150g 정도, 둥근 모양이 되도록 잘라서 지급)	1/2ea
검은후춧가루black pepper powder	1g
베이컨bacon(길이 25~30cm)	2piece

만드는 법

1 사전 조리하기(22분)

1) 베이컨은 차가운 팬에 넣고 약한 불로 은근히 굽는다. 키친타월로 기름을 제거한다.
2) 식빵은 약한 불로 은근히 양면이 갈색 나게 굽는다. 한 번씩 손으로 돌려 준다.

2 재료 준비

1) 양상추는 근을 제거하고 차가운 물에 10분간 담가 둔다. 토마토는 0.5cm로 2장 썬다.

3 BTL 샌드위치 만들기(8분)

1) 갈색으로 구운 식빵 한 면에 마요네즈를 발라서 도마 위에 빵 세 쪽을 펼친다.
2) 빵 2쪽 위에 양상추 잎을 올린다. 그 한쪽 위에 베이컨을 올리고, 다른 쪽에는 토마토를 올린 후 소금으로 양념을 한다.
3) 베이컨이 올려진 빵 위에 토마토가 올려진 빵을 올리고, 남은 빵은 마요네즈 바른 면이 아래로 가게 덮는다.
4) 칼로 톱질하는 것처럼 빵의 가장자리를 자른다. 대각선 모양으로 4등분하여 접시에 담는다.

4 마무리

1) 작업한 스토브와 작업대, 싱크대는 깨끗하게 마무리 청소를 실시한다.

- 오픈 페이스(open face), 팬시(fancy) : 1장의 빵 위에 내용물을 올리고 썰지 않는다.
- 레귤러(regular) : 2장의 빵 사이에 주재료를 넣고 한 번 또는 두 번 썬다.
- 클럽(club) : 3장의 빵을 4조각으로 썬다.
- 제공하는 온도에 따라 차가운 것(cold)과 뜨거운 것(hot)으로 구분한다.
- 샌드위치 빵은 하루 이상 된 것이 좋으며, 당일 생산한 빵은 습기가 많기 때문에 낮은 온도에서 수분이 증발될 수 있도록 구워야 빵을 자를 때 빵이 눌리는 것을 줄일 수 있다.
- 스프레드(spread) : 샌드위치에 수분이 스며드는 것을 제한하고 맛을 배가시키기 위하여 버터, 마요네즈, 요거트, 바질페스토, 양겨자 등 다양한 스프레드를 사용한다.
- 베이컨 뒤틀림 방지를 위해서 오븐에 넣고 굽는 것이 좋지만, 팬에 구울 때는 차가운 팬에서 낮은 온도에서 굽는 것이 좋으며, 베이컨을 바삭바삭하고 쉽게 부서질 수 있도록 지방이 추출되게 굽는 것이 좋다.
- 샌드위치를 조각으로 썰 때에는 톱질하듯이 썰어야 빵의 외형을 유지할 수 있다.

햄버거 샌드위치 hamburger sandwich

40분

주어진 재료를 사용하여 다음과 같이 햄버거 샌드위치를 만드시오.

가. 빵은 버터를 발라 구워서 사용하시오.

나. 구워진 고기의 두께는 1cm 정도로 하시오.

다. 토마토, 양파는 0.5cm 정도의 두께로 썰고, 양상추는 빵 크기에 맞추시오.

라. 샌드위치는 반으로 잘라 내시오.

재료 및 분량(1인분)

재료	분량
소고기, 방심(살코기)top round of beef, ground	100g
양상추lettuce(잎상추 대체 가능)	20g
양파onion(중, 150g 정도)	1ea
토마토tomato(중, 150g 정도, 둥근 모양이 되도록 잘라서 지급)	1/2ea
빵가루bread crumbs(마른 것)	30g
버터(무염)butter	15g
셀러리celery	30g
햄버거 빵hamburger bun	1ea
소금(정제염)salt	3g
식용유salad oil	20mL
검은후춧가루black pepper powder	1g
달걀egg	1ea

만드는 법

1 재료 준비(15분)

1) 양상추 20g은 차가운 물에 10분간 담가 둔다.
2) 양파는 껍질을 제거하고, 씻은 후에 링 모양으로 0.5cm 두께로 1개를 썬다.
3) 토마토는 0.5cm 두께로 썬다.
4) 양파 20g은 0.1m로 다져서 볶아 식힌다.
5) 셀러리 20g은 0.1cm로 다져서 볶아 식힌다.
6) 쇠고기 방심 100g은 도마에서 칼을 사용하여 곱게 다진다.
7) 달걀은 거품기로 쳐서 고운 체로 걸러 준비한다.
8) 햄버거 번은 수평으로 반을 잘라서 버터를 바른 후에 낮은 온도의 팬에 갈색 나게 굽는다.

2 햄버거 패티 만들기(5분)

1) 믹싱볼에 볶은 양파와 셀러리, 다진 쇠고기 방심, 빵가루, 달걀물 40mL, 소금, 후추를 넣어 혼합하고, 양손으로 3분간 두드린 후에 0.8cm 두께의 둥근 햄버거 패티를 만든다.

3 햄버거 조리하기(20분)

1) 팬이 가열되면 식용유를 두르고 햄버거 패티를 넣고, 갈색이 되면 뒤집어서 다른 면도 낮은 온도에서 완전히 굽는다.
2) 햄버거 빵을 펼쳐 놓고 빵 한쪽 위에 양상추를 올리고, 그 위에 구운 햄버거 패티를 얹고, 그 위에 토마토 슬라이스와 양파를 올리고, 나머지 빵 한쪽으로 덮는다.
3) 칼로 햄버거를 이등분하여 접시에 담아서 제출한다.

4 마무리

1) 작업한 스토브와 작업대, 싱크대는 깨끗하게 마무리 청소를 실시한다.

- 햄버거 패티는 조리과정에서 수축이 일어나고 가운데가 볼록해지므로 가운데를 살짝 눌러 주어야 하며, 사전에 두께를 고려한 패티를 만들어야 한다. 패티는 양손 교대로 위, 아래로 내려치면서 충분히 치대야 표면이 매끄럽고, 끝 가장자리가 갈라지지 않는다.
- 햄버거 패티 굽기 : 팬을 가열하고 기름으로 코팅하여 여분의 기름을 닦아내고, 기름을 넣고 중불에서 접시에 담을 부분을 먼저 넣어야 하며, 팬에 닿은 패티가 갈색이 나면 뒤집어서 약한 불에서 서서히 조리하여 내부까지 익힌다.
- 햄버거 패티를 만들 때 달걀, 채소 등이 사용된 경우에는 완전히 익어야 하며(살모넬라 예방, well done), 달걀 사용량이 많으면 햄버거 패티가 딱딱해진다.
- 햄버거를 썰 때에는 톱질하듯이 썰어야 자른 단면과 빵의 외형을 유지할 수 있다.

옥수수 크림 수프

corn cream soup

재료 및 분량(산출량 3인분)

옥수수 캔corn(340g)	1/2 can
치킨 스톡chicken stock	360mL
버터butter	2큰술
밀가루flour	2큰술
우유milk	100mL
소금salt, 백후춧가루white pepper	
옥수수corn(장식용)	2~3알

만드는 법

1. 옥수수와 육수를 넣고 블렌더로 곱게 갈아서 체로 거른다.
2. 냄비에 밀가루와 버터를 같은 비율로 화이트 루white roux를 만들고, 1을 넣는다.
3. 우유 반 컵을 넣고 은근히 끓인다(적절하게 농도를 맞춤).
4. 소금, 백후춧가루로 간을 한다.
5. 완성 그릇에 담고 수프 위에 가니시로 콘을 올린다.

- 콘과 스톡을 갈아 체에 걸러 수프를 만들면 더욱 부드러운 수프를 만들 수 있다.

라이스 크로켓

rice croquette

재료 및 분량(산출량 4개분)	
익힌 밥cooked rice	1.5C
다진 햄chopped ham	1/4C(60g 정도)
다진 양파chopped onion	1/4개(40g)
소금salt, 백후춧가루pepper	
밀가루flour	100g
달걀egg	1개
우유milk	1큰술
빵가루bread crumb	200g

만드는 법

1. 햄과 양파는 다진다.
2. 양파는 프라이팬에 살짝 볶는다(수분 제거).
3. 밥과 다진 햄, 양파를 섞어 소금과 백후춧가루로 간을 한다.
4. 밥을 뭉쳐 원형으로 만들어 준다.
5. 밀가루, 달걀, 빵가루 순으로 튀김옷을 입혀 170℃ 기름에 갈색 나게 튀긴다.
6. 토마토케첩을 곁들여 낸다.

- 반드시 다진 양파는 수분을 제거하기 위해 프라이팬에 살짝 익힌다.
- 크로켓 : 잘게 다져 요리한 음식물을 혼합한 것으로 밀가루, 달걀, 빵가루를 묻혀 기름에 튀긴 것이다.

파스타 그라탱

pasta gratin

재료 및 분량(산출량 2인분)	
마카로니macaroni	1C
푸실리fusilli	1C
양파onion	1/4개(40g)
소금salt, 백후춧가루pepper	
마늘garlic	1쪽
빵가루bread crumbs	1/2C
생크림fresh cream	1/2C
모차렐라치즈mozzarella cheese	1/2C
우유milk	1C
밀가루flour	3큰술
버터butter	3큰술(30g)
넛메그nutmeg	약간

만드는 법

1. 마늘은 굵게 다지고, 양파는 채 썬다.
2. 냄비에 물, 소금, 식용유를 넣고 끓으면 마카로니와 푸실리를 넣고 10분간 삶아서 식힌다.
3. 냄비에 버터를 녹이고 밀가루를 같은 비율로 넣어 흰색 루를 만든다.
4. 3의 루에 우유를 넣어 베샤멜 소스를 만든다.
5. 소금과 백후춧가루로 간을 하고, 익힌 마카로니와 푸실리를 넣어 섞는다.
6. 생크림으로 농도를 맞춘다.
7. 그라탱 접시에 옮기고, 빵가루와 모차렐라치즈를 올려서 200℃ 오븐에 5분 동안 굽는다.

- 루(roux) : 소스를 만들 때 사용하는 농후제. 버터와 밀가루를 같은 비율로 하여 열을 가한 다음 계속 약불에서 볶아 버터의 지방 성분이 밀가루 입자를 둘러싸게 하여 열에 의해 밀가루가 익더라도 서로 엉기는 것을 방지하고 고소한 맛이 부가된다.
- 그라탱(gratin) : 오븐에서 음식을 익혀 윗부분이 노르스름하게 되도록 만드는 방법

로스트 치킨

roast chicken

재료 및 분량(산출량 4개분)

영계chicken	1마리
당근carrot	1/2개
셀러리celery	1개
소금salt	1큰술
후춧가루pepper	적당히
양파onion	1/4개(40g)
감자potato	1/2개(80g)
버터butter	2큰술(30g)

만드는 법

1. 닭 목을 제거하고 씻는다.
2. 소금과 후춧가루로 양념을 한다.
3. 양파, 감자, 당근, 셀러리는 1인치(2.54cm) 크기로 자른다.
4. 닭 속에 감자, 당근, 셀러리를 넣는다.
5. 꽂이로 다리를 꽂아 고정하고 실로 한 번 더 묶는다.
6. 버터를 닭에 골고루 바른다.
7. 200℃ 오븐에 40분 정도 구운 후 닭다리에 포일 또는 한지를 이용해 장식한다.
8. 로스트가 다 될 때쯤 팬에 버터를 녹이고 양파를 볶는다.
9. 완성 그릇에 담는다.

로스팅(roasting)이란 덩어리째 오븐에서 굽는 것으로, 질이 좋고 실온상태의 것을 사용해야 한다. 요리하기 전에 소금을 뿌려 두고, 풍미를 더하기 위해 버터 등을 닭 표면에 발라서 굽는다.

부록 1

개인위생상태 및 안전관리 세부기준

1. 개인위생상태 세부기준

순번	구분	세부 기준
1	위생복	• 상의 : 흰색, 긴팔 • 하의 : 색상무관, 긴바지 • 안전사고 방지를 위하여 반바지, 짧은 치마, 폭 넓은 바지 등 작업에 방해가 되는 모양이 아닐 것
2	위생모(머리수건)	• 흰색 • 일반 조리장에서 통용되는 위생모
3	앞치마	• 흰색 • 무릎 아래까지 덮는 길이
4	위생화 또는 작업화	• 색상 무관 • 위생화, 작업화, 발등을 덮는 깨끗한 운동화 • 미끄러짐 및 화상의 위험이 있는 슬리퍼류, 작업에 방해가 되는 굽이 높은 구두, 속 굽 있는 운동화가 아닐 것
5	장신구	• 착용 금지 • 시계, 반지, 귀걸이, 목걸이, 팔찌 등 이물, 교차오염 등의 식품위생 위해 장신구는 착용하지 말 것
6	두발	• 단정하고 청결할 것 • 머리카락이 길 경우, 머리카락이 흘러내리지 않도록 단정히 묶거나 머리망 착용할 것
7	손톱	• 길지 않고 청결해야 하며 매니큐어, 인조손톱 부착을 하지 않을 것

※ 개인위생 및 조리도구 등 시험장내 모든 개인물품에는 기관 및 성명 등의 표시가 없을 것

2. 안전관리 세부기준

① 조리장비·도구의 사용 전 이상 유무 점검

② 칼 사용(손 베임) 안전 및 개인 안전사고 시 응급조치 실시

③ 튀김기름 적재장소 처리 등

부록 2
양식조리기능사 시험 안내

가. 응시절차 안내

1. 원서 교부

인터넷 다운로드, Q-net

2. 필기시험 원서 접수

필기 접수 기간 내 수검원서 제출(인터넷, 내방 접수)

사진(6개월 이내에 촬영한 반명함판 2매), 수수료

3. 수검사항 통보

수검일시와 장소 즉시 통보

수검표 기재사항과 접수창구 기재사항 동일 여부 확인

4. 필기시험

수검표, 신분증, 필기구(흑색 사인펜 등) 지참

접수지역별 시험장에서 시행

5. 합격자 발표

접수사무소 게시공고, ARS, 인터넷(http://www.q-net.or.kr)

6. 시험 일자 및 장소

접수 시 수험자 본인 선택

7. 실기시험

수검표, 신분증, 필기구, 수검자 지침공구 준비

8. 최종합격자 발표

접수한 사무소 게시 공고, ARS 자동응답안내(☏ 060-700-2009)

9. 자격증 교부

증명사진 1매, 수검표, 신분증, 수수료 지참

나. 실기시험 접수 안내

1. 접수방법

1) 내방 접수 : 한국산업인력관리공단 지역본부 및 지사에 방문하여 접수

지참물 : 수수료, 반명함판 사진 2매

교부장소 : 6개 지역본부 및 17개 지사

2) 인터넷 접수 : 인터넷을 이용한 접수

반드시 사진을 등록 후 접수

인터넷 접수-홈페이지(http://www.q-net.or.kr/man001.do?gSite=Q)

2. 필기시험 면제자 실기시험 접수방법

- 대상자 : 이전 필기시험 합격자

  필기시험이 면제되는 기능사 종목

  국가기술자격법 시행규칙 제18조 필기시험 면제 대상자

3. 실기시험 접수방법

- 이전 필기시험 합격자, 필기시험이 면제되는 기능사 종목 : 수검원서를 기재하여 접수
- 국가기술자격법 시행규칙 제18조 필기시험 면제 대상자 : 공공기관은 해당 기관장이 확인한 서류, 학원 등 기타 기관은 위탁기관 및 해당 기관장이 확인한 서류(자세한 사항은 공단 지역본부 및 지사로 문의)

4. 양식조리기능사 실기 시험 수검자 지참 준비물

번호	재료명	규격	단위	수량	비고
1	강판	조리용	EA	1	
2	거품기	중	EA	1	
3	계량스푼	사이즈별	SET	1	자동 및 반자동 제외
4	계량컵	200mL	EA	1	
5	고무주걱	소	EA	1	
6	나무젓가락	40~50cm 정도	SET	1	
7	나무주걱	소	EA	1	
8	냄비	조리용	EA	1	시험장에도 준비되어 있음
9	다시백				
10	랩, 포일	조리용	EA	1	
11	볼(bowl)	크기 제한 없음			시험장에도 준비되어 있음
12	소창 또는 면보	30×30cm 정도	장	1	
13	쇠조리(혹은 채)	조리용	EA	1	시험장에도 준비되어 있음
14	앞치마	백색(남, 여 공용)	EA	1	
15	연어 나이프		EA	1	필요 시 지참, 일반 조리용 칼로 대체 가능
16	위생모 또는 머리수건	백색	EA	1	
17	위생복	상의: 백색, 하의 : 긴바지(색상 무관)	벌	1	*위생복장을 제대로 갖추지 않을 경우는 감점 처리됩니다.
18	위생타월	면	매	1	
19	이쑤시개	-	EA	1	
20	종이컵	-	EA	1	
21	채칼(box grater)	중	EA	1	
22	칼	조리용 칼, 칼집 포함	EA	1	눈금 표시 칼 사용 불가
23	키친타월	주방용(소 18×20cm)	장	1	
24	테이블스푼	-	EA	2	숟가락으로 대체 가능
25	프라이팬	소형	EA	1	시험장에도 준비되어 있음

※지참 준비물의 수량은 최소 필요수량으로 수험자가 필요 시 추가 지참 가능합니다.
※길이를 측정할 수 있는 눈금 표시가 있는 조리기구는 사용이 불가합니다.

참고문헌

국내 문헌

김세한, 정수식 등, 고급서양조리, 백산출판사, 2018.

김정수, 채현석, 기초서양조리, 백산출판사, 2018.

손주영, 김명희, 김희아, 노희경, 차경옥, 최인선, 서양음식, 백산출판사, 2010.

안선정, 김은미, 이은정, 새로운 감각으로 새로 쓴 조리원리, 백산출판사, 2009.

염진철, 서양요리, 백산출판사, 2004.

염진철, 엄영호, 김상태, 허정, 전문조리용어해설, 백산출판사, 2008.

이두찬, 이은정, 최정윤, 정수식, 최영준, 서양요리, 교문사, 2010.

정순영, 김경애, 복혜자, 나정숙, 최신서양조리, 교문사, 2018.

진양호, 현대서양요리, 형설출판사, 1990.

최수근, 서양요리, 형설출판사, 2002.

외국 문헌

The Culinary Institute of America, *The New Professional Chef*, 7th ed., Van Nostrand Reinhold, 2002.

Sharon Tyler Herbst, *Food Lover's Companion*, 3rd ed., Barron's Cooking Guide, 2001

Skill, CIA Courseguide, 2002.

저자 소개

이두찬

한국방송통신대학교 법학과 졸업
경기대학교 관광학과 경영학석사, 세종대학교 조리외식학과 박사과정 수료
서울플라자호텔, 서울밀레니엄힐튼호텔, 서울그랜드인터컨티넨탈호텔 조리과장
경주호텔학교 교수
서울조선호텔 총주방장(조리부장), 한국총주방장회(KCC) 회원
현재 대전보건대학교 호텔외식조리과 교수

이은정

이화여자대학교 식품영양학과 졸업
The Culinary Institute of America(CIA), AOS 학위
경기대학교 외식산업경영학과 관광학석사, 외식조리관리 관광학박사
서울그랜드인터컨티넨탈호텔 조리부
신한대학교 바이오생태보건대학 외식조리전공 교수
현재 한경대학교 영양조리과학과 교수

김성국

한국방송통신대학교 영어영문학과 졸업
동국대학교 산업과학과 공학석사
세종대학교 조리외식경영학과 조리학박사
서울신라호텔 조리팀 차장, 더클래식500호텔 펜타즈 총주방장
대한민국 우수숙련기술인, 조리기능장
현재 세종대학교 관광대학원 교수

김상연

한양대학교 식품영양학과 졸업
한양대학교 일반대학원 식품영양학과 이학석사
한양대학교 일반대학원 식품영양학과 이학박사
현재 한양여자대학교 식품영양과 교수

기초서양조리

2019년 3월 11일 초판 인쇄
2019년 3월 15일 초판 발행

지은이 | 이두찬·이은정·김성국·김상연
발행인 | 유제구
발행처 | 파워북
주　소 | 경기도 고양시 일산동구 호수로 358-25
동문타워 2차 529호
전　화 | (02) 730-1412
팩　스 | (031) 908-1410
등　록 | 1997년 1월 31일 제2014-000067호

정　가 19,000원
ISBN 978-89-8160-396-0 (93590)